医療 ✛ ヘルスケア のための リアルワールド データ活用

ビッグデータの研究利用とビジネス展開

東京大学大学院医学系研究科教授
康永秀生

日本総合研究所
川崎真規・小倉周人・徳永陽太・野田恵一郎・山本健人

［著］

中央経済社

はじめに

　本書の読者対象は，健康・医療に関連する企業等に属するビジネスパーソンである。

　国民の多くが自身の健康や医療に関心を持っている。コロナ禍を迎えて，国民の健康に対する意識はさらに高まっており，その関心や医療への期待に応えるべく，健康や医療に関するデジタルデータを活用したサービスの拡充が期待されている。医薬品産業・医療機器産業のみならず，健康（ヘルスケア）・医療に関連するさまざまな産業に属する企業が，今後はいかに“健康・医療データを活用し，国民の健康に貢献するか”という問いに答えていくことが，自社の利益のみならず社会貢献を果たし，持続的な企業経営を行う上でも重要となる。

　しかし，「健康や医療に関するデータを活用したサービスの拡充」といっても，どのようなデータが存在し，利用可能であり，実際にどう活用すればよいのか，医療業界に明るい方以外にはあまり知られていないのが現状である。

　近年，健康や医療に関連するさまざまなデジタルデータの集合体として，「医療ビッグデータ」や「リアルワールドデータ（real world data，以下RWD）」といった用語をよく耳にする。RWDとは，保健・医療・介護の現場や人々の生活シーンなどにおいて日常的・恒常的に発生する，健康・医療に関するデジタルデータの総体であり，現在，アカデミアによる学術研究が進められている一方で，一部は民間での利活用も進められつつある。医薬品産業，医療機器産業，ヘルスケア産業のみならず，多くのビジネスシーンにおいて，RWDを活用したビジネス展開が今後は期待される。

　本書は，RWDの定義や内容について，一般向けにわかりやすく解説し

ている。また，アカデミアを中心としたRWDの利活用の現状に加えて，これまでの類書には見られない，今後の民間利用およびビジネス展開の方向性について，専門家でない多くのビジネスマンに向けたわかりやすい解説をこころがけた。

　本書の構成は以下のとおりである。第 1 章「医療ビッグデータに関連する用語の整理と解説」では，「医療ビッグデータ」の定義を解説し，そのなかで特に保健医療介護のRWDとその関連用語について解説する。第 2 章「リアルワールドデータ活用の現状」では，さまざまなRWDの詳細，アカデミアによるRWDの研究利用の現状，医薬品・医療機器承認におけるRWDの活用について解説する。第 3 章「医療分野でのリアルワールドデータ活用に関する促進と規制策」では，RWDを活用するための国の施策，RWD活用にあたって留意すべき規制について詳述する。第 4 章以降では，RWDのビジネスでの利用可能性について論じる。第 4 章「ヘルスケア産業におけるリアルワールドデータの認識」では，株式会社日本総合研究所がRWDに関して企業向けに実施した調査結果を紹介する。第 5 章「リアルワールドデータ活用に関する海外動向」では，各国のRWD活用に関する施策や取組みに触れる。第 6 章「民間企業によるリアルワールドデータ活用へ」では，RWDを活用したビジネスの将来像について論じる。各章の執筆について，第 1 章・第 2 章は主に東京大学大学院医学系研究科教授の康永秀生が担当し，第 3 章－第 6 章は主に株式会社日本総合研究所（リサーチ・コンサルティング部門）が担当した。

　本書を通して，RWDの活用に関する基本情報を身に付けていただき，健康・医療データを活用した国民の健康・医療に貢献する事業の創造・展開に役立てていただければ幸いである。

2022年 7 月

著　者

目　　次

第 3 章 **医療分野でのリアルワールドデータ活用に関する促進と規制策**

第 1 章

医療ビッグデータに関連する
用語の整理と解説

1 さまざまな「医療ビッグデータ」の定義と概略

　「医療ビッグデータ」という言葉は極めて多義的である。「ビッグデータ」とは，特定の領域のデータを指すものではなく，データのサイズが巨大であれば何でも「ビッグデータ」である。

　医療分野におけるビッグデータには，大きく分けて，（1）保健医療介護のリアルワールドデータ（real world data, 以下RWD），（2）ライフ・サイエンス系のオミックス情報，の2種類がある（**図表1-1**）。

　本章で取り扱う医療ビッグデータは，（1）保健医療介護のRWDである。（2）については本章第4節で参考程度の説明を記す。

2 保健医療介護のリアルワールドデータ（RWD）

（1）　RWDとは

　保健医療介護のRWDは，「臨床疫学系RWD」と「健康予防系RWD」に区分される。本書では，前者のみを「狭義のRWD」，両者をあわせて「広

[図表1-1]　医療ビッグデータ

（1）　保健医療介護のリアルワールドデータ（RWD）	（1）-i 臨床疫学系RWD	患者登録，保険データベース（DPCデータ，特定健診・レセプト情報，介護レセプト情報など），電子カルテ情報，など。
	（1）-ii 健康予防系RWD	スマートフォンアプリ，ウェアラブルデバイス，家庭内診断用センサーデバイスなどを用いた，生活習慣病予防等に活用される情報。
（2）　ライフ・サイエンス系のオミックス情報		ゲノム，トランスクリプトーム，プロテオーム，メタボロームなどの遺伝子や生体分子情報

義のRWD」と定義する。

　狭義のRWDとは，医療現場での日常診療から恒常的に発生する患者情報を収集し，それらを構造化して蓄積したデジタルデータの総称である。2000年以前，患者情報は紙媒体で収集・保管されていた。近年の情報技術の革新によって，電子媒体による収集・保管が可能となり，RWDの活用が始まった。

　2017年の個人情報保護法の改正，2018年の次世代医療基盤法の施行を経て，個人情報を保護しつつ適正にRWDを活用するための環境が整備された。現在，各医療機関にばらばらに存在している医療情報を収集し，健康・医療に関する研究開発や新産業創出を促進することで，健康長寿社会の形成のためにRWDを利用しようとしている。また，RWDを用いた研究より得られたエビデンスは，リアルワールドエビデンス（real world evidence, 以下RWE）といわれている。

（2）　臨床疫学系RWD

　本書では，下記に示す臨床疫学系RWDを「狭義のRWD」と定義する。通常，RWDといえば，これらを指している。狭義のRWDには，患者登録（patient registry），保険データベース（administrative claims database），電子カルテ情報（electronic medical records）などがある。

1）　患者登録

　患者登録とは，特定の疾患を持つ患者の詳細なデータを多くの医療施設から特定の目的のために収集・登録するシステムの総称である。主な目的は，特定の疾患の罹患率や有病割合を調べたり，疾患の経過や予後を把握したりすることである。多施設で実施されることが基本であり，データを収集する主体は国や学会をはじめとする研究団体であることが多い。

　患者登録の例を図表1-2に示す。この他にも各学会や学術団体が多く

の患者登録データベースを構築している。

（ⅰ）　がん登録

　代表的なものは，がん登録である。2016年1月に「がん登録等の推進に
関する法律（がん登録推進法）」が施行された。この法律に基づく「全国
がん登録」は，居住地域にかかわらず全国どこの医療機関でも，がんと診
断された全患者データが，都道府県に設置されたがん登録室を通じて収集
され，国立がん研究センターで集計・分析・管理される仕組みである。集
計データは，国立がん研究センターがん対策情報センターのウェブサイト
「がん統計」（https://ganjoho.jp/reg_stat/）で一般公開されている。

（ⅱ）　NCD

　NCD（National Clinical Database）は，日本外科学会が管理するデータ
ベースである。NCDは日本全国の手術・治療情報を登録し，集計・分析
することで医療の質の向上に役立て，患者に最善の医療を提供することを
目指すプロジェクトである。2011年から外科系の10学会が参加し，全国
5,000以上の施設から年間150万件以上の症例を登録する巨大な患者登録で
ある（2020年12月時点）。

　各学会の専門医制度と連携し，外科医が受け持ちの症例の手術情報を中
央一括のデータベースに直接入力する方式である。収集されたデータは医
療の質評価に利用されるほか，臨床研究にも活用されている。

（ⅲ）　JCVSD

　JCVSD（Japan Cardiovascular Surgery Database）は，心臓血管外科手
術の全国データベースである。JCVSDは2001年より登録が開始され，日
本心臓血管外科手術データベース機構が管理しており，成人部門と先天性
部門がある。JCVSD（成人）は597施設から登録数約71万件，JCVSD（先

[図表 1 - 2] 患者登録の例

- ・がん登録
- ・NCD（National Clinical Database）
- ・JCVSD（Japan Cardiovascular Surgery Database）
- ・日本外傷データバンク
- ・日本脳卒中データバンク
- ・診療録直結型全国糖尿病データベース事業（J-DREAMS）
- ・包括的慢性腎臓病臨床効果情報データベース（J-CKD-Database）　　　など

天性）は120施設から登録数約 9 万4,000のデータを蓄積している（2020年
4 月時点）。

（iv）　日本外傷データバンク

　日本外傷データバンクは，日本救急医学会診療の質評価指標に関する委
員会と日本外傷学会Trauma Registry検討委員会が中心となり構築した外
傷に関する患者登録である。外傷診療の質の向上を目的に，外傷患者に関
わるデータを集積している。2019年の参加施設は288施設だった。参加施
設の研究者による学術研究も多く実施されており，100本以上の原著論文
が出版されている（2021年 1 月時点）。

（ v ）　日本脳卒中データバンク

　日本脳卒中データバンクは，国立循環器病研究センターが運営している
データベースである。日本の脳卒中診療実態の把握を目的に，1999年より
全国の脳卒中診療施設からデータ収集を行い，約21万例を超えるデータが
蓄積されている（2019年12月時点）。

2 ）　保険データベース

　保険データベースとは，Diagnosis Procedure Combination（DPC）デー
タ，特定健診・レセプト情報，介護レセプト情報などの公的医療保険デー

タを集積したデータベースである。本来は診療報酬請求の目的に用いられるデータを，匿名化した上で研究目的に二次的に利用するためのデータベースである。

(i) DPCデータ

DPCとは，日本で独自に開発された診断群分類であり，患者集団を診断（Diagnosis）と処置（Procedure）を用いて分類するシステムである。DPCを採用する病院は日本全国で約1,600あり，入院診療費の一日あたり包括支払システム（Diagnosis Procedure Combination / Per-Diem Payment System – DPC/PDPS）にも利用されている。DPCデータは，全国DPC病院が作成を義務付けられている入院患者データである。DPCデータには，様式1（**図表1-3**）のほかに，EFファイルと呼ばれる診療行為明細のデータが含まれる（**図表1-4**）。

[図表1-3]　DPCデータ　様式1に含まれる情報

1．病院属性等：施設コード，診療科コード，など
2．データ属性等：データ識別番号，性別，年齢，など
3．入退院情報：予定・救急入院，救急車による搬送，退院時転帰，在院日数，など
4．診断情報：主傷病名，入院の契機となった傷病名，医療資源を最も投入した傷病名，入院時併存症名，入院後発症疾患名
5．手術情報：手術術式，麻酔法，など
6．診療情報：身長・体重，喫煙指数，入院時・退院時JCS，入院時・退院時ADLスコア，がんUICC病期分類・Stage分類，発症前Rankin Scale・退院時modified Rankin Scale，脳卒中の発症時期，Hugh-Jones分類，NYHA心機能分類，狭心症CCS分類，急性心筋梗塞Killip分類，肺炎の重症度，肝硬変Child-Pugh分類，急性膵炎の重症度，精神保健福祉法における入院形態・隔離日数・身体拘束日数，入院時GAF尺度，など

[図表1-4]　DPCデータ　EFファイルに含まれる情報

-薬剤・特定保険医療材料の名称・使用日・使用量
-検査・処置の実施
-医療費

　DPCデータの出所は各DPC病院であるため，患者が受診する医療機関を変更するともはや追跡できなくなる。

　厚生労働省はDPCデータを主としてDPC診療報酬点数の改訂に利用している。

　多施設のDPCデータを収集し，研究利用するというスキームは以下のように多数ある。

① 厚生労働省が保有するDPCデータの提供

　平成29年度から厚生労働省が，保有する全DPC病院のデータの集計データをアカデミア向けに提供する事業を展開している。患者個票データは2021年時点で提供されていない。

② 厚生労働科学研究・DPCデータ調査研究班

　厚生労働科学研究・DPCデータ調査研究班は，全国のDPC病院から個別に同意を得たうえで，匿名化されたDPCデータを独自に収集し研究に利用している。研究班が収集するDPCの参加施設数は2010年度以降1,000施設を上回り，年間症例数は700万件を超える。同研究班のDPCデータベースを活用した臨床研究論文は数百編刊行されている。

③ 日本循環器学会・循環器疾患診療実態調査（JROAD）

　全国のDPC病院から循環器疾患患者のDPCデータを独自に収集し，研究利用している。

④ 商用のDPCデータ

　MDVデータは，メディカル・データ・ビジョン株式会社（MDV）が独自にDPC病院から収集したDPCデータである。MDVは診療データ事業を2008年4月に開始し，データ提供医療機関から二次利用許諾を得た匿名加工データの集積をしている。2020年1月末集計の診療データの対象期間は，2008年4月から2019年11月までで，実患者数が3,015万人となった。アカデミアや製薬企業などを対象に有償でデータを提供している。

3）　特定健診・レセプト情報

（ⅰ）　NDB

　代表的なものは，厚生労働省のレセプト情報・特定健診等情報データベース（National Database of Health Insurance Claims and Specific Health Checkups of Japan, 以下NDB）である。NDBは，疾患の種類を問わず，日本全国で実施された保険診療のほぼすべてが網羅されている点が特徴である。2019年3月末時点で医療レセプト約168億件，特定健診データ約2.6億件とデータ容量はとてつもなく膨大である。

　NDBの最大の強みとして，悉皆性があげられる。一部を除き，全国民を対象としたデータベースである。医療機関をまたいでの症例追跡が可能な点も強みである。なお，NDBには被保険者台帳のデータは含まれない。

　NDBの弱点は，疾患の重症度等に関するデータが含まれないことである。上記のDPCデータの様式1（**図表1-3**）のような臨床データは含まれない。NDBデータから取得できる患者情報は，年齢，性別，病名，投薬，検査・処置・手術の実施の有無ぐらいである。

　また，厚生労働省が提供するデータであるので，申請手続きが煩雑である。求められるセキュリティ基準が高い，審査期間が長いなど，手続きの障壁が高い。また，データを入手できても，ユーザービリティの低いデータ仕様のため，データのクレンジングや分析にスキルが必要になる。とはいえ，アカデミアによるNDBの研究利用は少しずつ広がっている。

（ⅱ）　その他の特定健診・レセプト情報

　特定健診・レセプト情報のデータの出所は保険者であるため，自治体・健保組合・協会けんぽなどさまざまな保険者が主体となって，種々の規模・範囲の特定健診・レセプト情報データベースが存在する。NDBと同様，DPCの様式1に含まれるような臨床情報はない。いくつかの民間企業が保険者から特定健診・レセプト情報を収集し，商用のデータベースを

構築している。その代表例がJMDCデータである。JMDCデータは，株式会社JMDCが有償で提供する商用の健診・レセプトデータである。累積母集団数は約730万人（2020年4月時点）であり，NDBに比べデータの規模は小さい。NDBと異なり，被保険者台帳のデータも含まれている。有償提供であり，入手に当たってNDBのような煩雑な手続きはない。データはクレンジング済みであり，NDBに比べてデータの規模も小さいので，扱いやすい。しかし健康保険組合由来のデータであるため，75歳以上の後期高齢者医療制度のデータは含まれておらず，高齢者の疾患の分析には不向きである。

（ⅲ）　介護保険総合データベース

　介護保険総合データベースは，市町村から要介護認定情報（2009年度～），介護レセプト情報（2012年度～）を集積したものであり，厚労省が管理している。要介護認定情報は約0.6億件，介護レセプト情報は約11億件保有している（2019年3月末時点）。

4）　電子カルテ情報

　全国レベルの保険データベースよりもずっと小規模であるものの，複数の医療施設からレセプトデータやDPCデータに加えて，電子カルテなどから収集した検査データなどの記録を統合したデータベースがいくつかある。

（ⅰ）　MID-NET

　医薬品医療機器総合機構（Pharmaceuticals and Medical Devices Agency, PMDA）は，法律に基づく医薬品等の安全対策業務の一貫として，医療情報データベースシステム（Medical Information Database Network, MID-NET）を運用している。協力医療機関は10機関23病院（国立大学病

院7機関，私立大学病院1機関，民間病院2機関）である。DPCデータに加えて検査値などのデータも含まれる。

（ⅱ）　国立病院機構データベース

　独立行政法人国立病院機構（National Hospital Organization, NHO）は143病院のレセプト・DPCデータを集積した診療情報データバンク（Medical Information Analysis Databank, MIA）を運用している。そして，66病院からDPCデータに加えて検査値データなども集積した診療情報集積基盤（NHO Clinical Data Archives, NCDA）を運用している（2020年3月時点）。

（ⅲ）　一般社団法人健康・医療・教育情報評価推進機構

　一般社団法人健康・医療・教育情報評価推進機構（HCEI）は，約188施設からレセプト・DPCデータと電子カルテ由来の検査値などのデータを含むデータベースを構築している（2020年4月時点）。

（ⅳ）　徳洲会メディカルデータベース

　徳洲会グループは，グループ内の病院から収集されたレセプト・DPCデータ，電子カルテ情報（血液検査結果およびバイタルサイン）などの統合データベースを運用している。

（3）　健康予防系RWD

　健康予防系RWDとは，スマートフォンアプリ，ウェアラブルデバイスや家庭内診断用センサーデバイスなどを用いた，生活習慣病予防等に活用される種々の情報である。本書では，前項の臨床疫学系RWDと，健康予防系RWDをあわせて「広義のRWD」と定義する。

　健康予防系RWDは，健常者・患者を含めた社会生活者が，日常生活を

送る中で生成される健康関連のデジタルデータの総称である。これらのデータは，スマートフォンアプリ，ウェアラブルデバイスや家庭内診断用センサーデバイスなどによって取得される。スマートフォンの健康系アプリについては第5章を参照されたい。たとえば，ウェアラブルデバイスから得られる血圧や脈拍数など，多岐にわたる個人の健康データをリアルタイムで収集することも可能となった。こうしたデータを，個人の生活習慣病予防等に活用する取り組みが試みられるようになって久しい。個人の位置情報や行動履歴など情報利用も，広い意味での健康関連情報利用に位置付けられる。

これらは日々膨大なデータとして取得はされているものの，真に健康アウトカムを改善するという意味での有効活用には程遠い状況である。健康予防系RWD単独の活用による健康アウトカムの改善に関するエビデンスは乏しいのが現状である。健康予防系RWDを有効活用するためには，健診・レセプト情報や電子カルテデータなどと連携させて，日常診療に活かせる形式で利用するなどの方策を検討する余地がある。

3 RWDに関連する用語

本節では，RWDに関連する種々の用語を解説する。ランダム化比較試験（RCT），リアルワールドエビデンス（RWE），パーソナルヘルスレコード（PHR），患者報告アウトカム（PRO），などがあげられる。そして，本書の検討対象外ではあるものの，参考までに，オミックス情報に関する概略を示す。

（1）ランダム化比較試験（RCT）

ランダム化比較試験（randomized controlled trial, RCT）とは，対象者を2つ以上のグループにランダムに分け（ランダム化），治療法などの効

果を検証する研究手法である。ランダム化によって，比較したいグループ間の背景要因がバランスよく分布するため，バイアス（偏り）が少ない状況で，治療法などの効果を比較することができる。RCTは無作為化比較試験ともいう。医薬品・医療機器の薬事承認に関しては，RCTを用いた有効性や安全性の評価が必須になっている。

　しかし，安全性などの懸念から，高齢者や妊婦などはRCTの対象になりにくい。そして，希少疾患や，救命救急領域の疾患などでは，RCTは実施困難である。RCTは厳密な管理下で実施されるため，RCTで得られた結果を日常臨床にそのまま適用できないことがあり，一般化可能性（外的妥当性）に限界があるといわれる。

　一方，RWDは日常臨床から収集されたデータであるため，RWDを用いた研究はRCTによる研究結果を補完できる。また，RCTが実施困難な研究テーマであっても，RWDを用いた研究が可能である場合もある。

（2）　リアルワールドエビデンス（RWE）

　RWDの分析の結果として得られたエビデンスを，リアルワールドエビデンス（RWE）という。たとえば，新規の医薬品・医療機器の承認を得るためには，RCT等による治験を通じて有効性や安全性が証明されなければならない。しかし通常，治験の対象患者は限定されており，しかも少数であることが多い。承認後に市販され，多くの患者に当該医薬品・医療機器が使用されると，治験では発見されなかった有害事象などが認められることがある。そのため，市販後の調査においてRWDを活用し，発売前の治験では分からなかった有効性や安全性に関する情報をRWDによって解明したRWEが活用されることが増えている。

（3）　パーソナルヘルスレコード（PHR）

　パーソナルヘルスレコード（personal health record, PHR）とは，個人

の健康・医療・介護に関する情報を生涯にわたり集約した記録である。医療機関や行政や個人に分散されて保持されているデータを統合する取り組みが，日本でも部分的に動き始めている。含められるデータは，広義のRWD（臨床疫学系RWDおよび健康予防系RWD）である。個人の健康状態や服薬履歴等を本人や家族が把握，日常生活改善や健康増進につなげるための仕組みである。

　個人とその家族が自身のPHRを活用する目的として，健康増進や行動変容の促進等があげられる。また，医療従事者が患者のPHRを閲覧することで，通常診療の効率化・質の向上が期待でき，研究者が収集されたPHRを研究開発目的に活用することも可能である。

（4）　患者報告アウトカム（PRO）

　PRO（patient reported outcome）とは，QOL（quality of life：生活の質），治療満足度，治療への遵守度など，患者の主観的な情報を測定する指標である。患者への面談による聞き取りや質問票を用いてデータを収集する。従来は紙媒体を利用することが多かったが，近年は，ウェブアプリケーションを介した電子的な患者報告アウトカム（ePRO）を活用した医薬品の開発臨床試験などが普及し始めている。

（5）　オミックス情報

　オミックス情報とは，生体分子に関する網羅的な情報である。ゲノム（genome），トランスクリプトーム（transcriptome），プロテオーム（proteome），メタボローム（metabolome）などさまざまな生体分子情報の集合体を指す。次世代シーケンシング（ゲノムの塩基配列を高速に読み出す技術）の普及によって，大量のオミックス情報が収集・蓄積され，多数の患者のオミックス・データを集積したデータベースである「バイオバンク」も多数構築されている。オミックス情報は，以下に示すprecision medicine（精密医療）やAI創薬などに活用されている。

（6）　precision medicine（精密医療）

　オミックス・ビッグデータを活用した「個別化医療」の研究が推進されている。これをprecision medicine（精密医療）と称することもある。

　オミックス情報を活用した個別化医療の例として，「がんゲノム医療」が挙げられる。がんゲノム医療とは，がん患者から採取したがん細胞内の多数の遺伝子を同時に調べる「がん遺伝子パネル検査」を行い，個々の患者の遺伝子変異を明らかにし，それらに合う治療薬を選択して使用する方法である。がんゲノム医療の一部はすでに保険適用になっており，効果的な標準治療がない，あるいは終了した患者に対して行われている。全国にがんゲノム医療の中核拠点病院，拠点病院，連携病院が指定されている。

（7）　AI創薬

　オミックス情報は，創薬の分野でも注目されている。人工知能（AI）を用いて膨大なオミックス情報を解析し，新薬開発に活用することによって，開発スピードを速めコストを抑制することが期待されている。

　新薬を開発するには，まず標的となる生体内のタンパク質を発見し，次に薬の候補となる物質を探索する。その物質は，動物実験を経て，人体に適用する臨床試験を行い有効性・安全性を評価し，それらをクリアして申請・承認に進められる。しかし，生体内のタンパク質も，薬の候補となる物質も数万種あるといわれ，最適な組み合わせを発見することは困難を極める。開発から実際に承認にまで至る確率は2万分の1以下，費用は1,000億円以上といわれている。

　AI創薬では，生体内のタンパク質やゲノムのデータと既存の化合物（あるいは仮想化合物）のデータを一つずつ突き合わせて，化合物の結合予測を行う演算をAIに行わせる。これによって，短期間かつ低コストで

最適な化合物を探索することが可能となることもある。

 4 RWDの概念図

　ここで，RWD等データの類型を整理する（**図表1−5**）。類型化の軸は，
（1）ビッグデータか否か，（2）医療のビッグデータか否か，（3）保
健・医療・介護・健康のデータ（広義のRWD）か否か，（4）臨床疫学系
データ（狭義のRWD）か否か，の4点である。
　（1）ビッグデータか否かについて，健康・医療系データであっても，
数百名程度のデータはビッグデータとはいえない。たとえば，RCTのデー
タは，健康・医療系データとして各種研究に使われる重要なデータであ
るものの，データサイズはそれほど大きくないため，ビッグデータには含
まれない。
　（2）医療のビッグデータか否かについて，たとえば，ソーシャルメディ
ア・顧客情報・金融や生命保険情報などは巨大なデータサイズを有する
ものの，医療関連データではないため，医療ビッグデータには含まれない。
そして，ビッグデータでありかつ医療関連データである医療ビッグデータ
は，保健医療介護データとオミックス情報に分類できる。ただし，オミッ
クス情報は生体分子に関する網羅的な情報であり，RWDとは異なる。
　（3）そこで，保健・医療・介護・健康データを広義のRWDとして整理
した。さらに，この広義のRWDは，臨床疫学系RWDと健康予防系RWD
に区分できる。
　（4）このうち，臨床疫学系RWDを狭義のRWDとして整理した。

[図表1-5]　RWD等類型図[1]

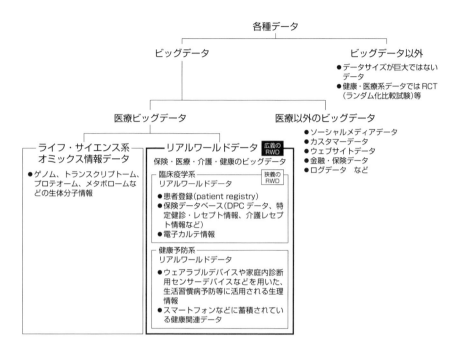

第 2 章

リアルワールドデータ活用の現状

1 RWDの入手可能性

　前章で解説したように，保健医療介護のRWD（広義のRWD）のうち，臨床疫学系RWD（狭義のRWD）には，患者登録，保険データベース（DPCデータ，特定健診・レセプト情報，介護レセプト情報など），電子カルテ情報，などが含まれる。

　これらの狭義のRWDは，医療機関では日々の臨床に活用され，アカデミアでは研究利用され，国や地方自治体では行政利用されている。しかし，医薬品・医療機器関連産業（製薬企業，医療機器製造企業，医薬品卸，ドラッグストア，健康食品産業など），保険会社（生命保険，医療保険，損害保険など），ヘルスケアＩＴ企業でのRWDの利活用はあまり進んでいない。この理由としては，既存のRWDを入手する難しさが考えられる。以下に，各種のRWDの入手に係る現状について示す。

（1）　患者登録

　患者登録は疾患別の詳細なデータを含んでおり，専門性が極めて高いため，データにアクセスできる主体がほぼアカデミアに限定されている。そして，学会が運営する患者登録データベースは学会員でないと使用できないことが多い。

　がん登録は，がんに係る調査研究を行いたい研究者と，がん対策の企画立案または実施のための調査研究をしたい国・都道府県の関係者が利用可能である。申出文書によって利用申請を行い，審査委員会によって提供の可否が決定される[2]。

　なお，がん登録データを国立がん研究センターが集計した情報については，「がん情報サービス[3]」に公開されている。

　NCDやJCVSDなどの学会主導の患者登録データベースは，参加施設の

治療成績向上や参加施設ならびに各種臨床領域へのフィードバックに用いられるため，データの利用者は参加施設の医師等に限られていることが多い。

（2） 保険データベース

1） 商用でないデータベース

（ⅰ） NDB

　レセプト情報・特定健診等情報データベース（NDB）は厚生労働大臣が保有し，データ提供を受けるには厚生労働省への申請が必要である。申請できる主体は以下のとおりである。

① 　国の行政機関

② 　都道府県，市区町村

③ 　研究開発独立行政法人

④ 　大学（大学院含む）

⑤ 　医療保険者の中央団体

⑥ 　医療サービスの質の向上等をその設立目的の趣旨に含む国所管の公益法人

⑦ 　提供されるデータを用いた研究の実施に要する費用の全部または一部を国の行政機関や研究開発独立行政法人等から補助されている者等

　なお，令和2年10月に改正「高齢者の医療の確保に関する法律」の施行によって，匿名レセプト情報・匿名特定健診等情報として，民間主体への提供も開始された。

　NDBを使った研究を実施するにあたっては，「レセプト情報・特定健診等情報の提供に関するガイドライン」の基準を遵守しなければならない。

　NDBデータの提供は，利用者のニーズに応じて，「特別抽出」，「サンプリングデータセット」，「集計表情報」の3つの形態がある。そのなかでも「特別抽出」の申請には，研究テーマを限定し，研究プロトコールの作成

と取得したいデータ項目の正確な指定を行う必要がある。さらに，提供されたデータを保管するためのセキュリティの整った環境を利用者が事前に自前で用意する必要がある。そのうえで，専門家会議の審査を経て，申請が認められればデータが提供される。

　また，NDBを用いて定式化された基礎的なデータ項目を集計したNDBオープンデータがある。これは厚生労働省のホームページから誰でも閲覧できる。

（ⅱ）　DPCデータ

　DPCデータは各DPC病院が保有しているため，厚生労働省だけでなく，さまざまな主体が独自に収集している。種々の学術団体が研究利用目的に，各DPC病院の協力を得て，自力でDPCデータを収集し，それぞれの団体内で研究利用している。（第1章第2節参照）

（ⅲ）　介護保険総合データベース

　介護保険総合データベースもNDBデータ同様，厚生労働大臣が保有し，データ提供を受けるには厚生労働省への申請が必要である。申請できる主体は以下のとおりである。
　①　公的機関（国の行政機関，都道府県及び市区町村）
　②　大学その他の研究機関（大学および研究開発独立行政法人等）
　③　民間事業者等（民間事業者又は匿名介護認定情報等を用いる研究の実施のために，補助金等を充てて業務を行う個人）
　介護保険総合データベースに含まれる匿名介護情報等の提供もNDBデータ同様，利用者のニーズに応じて，「特別抽出」，「サンプリングデータセット」，「集計表情報」の3つの形態があり，専門委員会の審査を経て，申請が認められればデータが提供される。ただし，NDBデータのオープンデータのようなデータ提供はされていない。

2) 商用のデータベース

　JMDCデータ，MDVデータなどの商用のデータベースは，アカデミアだけでなく，製薬企業などの民間企業にも有償で提供されている。

(3)　電子カルテデータ等を含むデータベース

　MID-NETのデータは，2018年度よりPMDAだけでなく，製薬企業や研究者などにも有償で提供されるようになった。利用目的は，医薬品の安全対策や公益性の高い調査・研究に限って認められている。利用するには，独立した第三者から構成される「有識者会議」における事前審査が必要である。利用料は，製薬企業が製造販売後調査を行う場合，一品目につき4,212万3,000円とされている。

　商用データベースであるMDVデータは，一部の病院について，DPCデータだけでなく電子カルテ由来の検査データ等を含んでいる。こちらも有償で提供されている。

2　アカデミアによるリアルワールドデータの研究利用

　本節では，これまでアカデミアを主体に行われてきた，RWDの研究利用の方法について解説する。企業などアカデミア以外が，自ら主体的にもしくはアカデミアと共同でRWDを研究利用する場合も，下記の方法論について知っておくことは有用である。

(1)　研究テーマの設定

1)　クリニカルクエスチョンの発掘と文献レビュー

　医師，看護師，薬剤師などの医療従事者が日常診療の中から紡ぎ出したクリニカルクエスチョンや，診療ガイドラインにおいてエビデンスが乏しいとされている治療などについて，PubMedなどの文献データベースから

情報収集を行う。先行文献を徹底的に調べ上げ，そのクエスチョンについて現状はどこまで明らかになっており，何が明らかになっていないのかの線引きをする。

2）　研究テーマの明確化

まだ漠然としているクリニカルクエスチョンを，検証可能なリサーチクエスチョンに構造化する。以下のPE(I)COの4項目を具体的に定義する。

①　P：Patients or People　対象者

対象となる疾患や治療法などを，研究テーマに沿って絞り込む。

②　E（I）：Exposure（Intervention）曝露（介入）

研究テーマのなかで検証したい新しい治療法（薬剤，手術など）や，特定の要因への曝露，などを設定する。

③　C：Control　対照

比較すべき対照，すなわち従来の治療法（薬剤，手術）や，特定の要因への非曝露，などを設定する。

④　O：Outcome　評価指標

介入や曝露の結果について，研究テーマを適切に評価できる指標（死亡，疾患の発症割合，入院期間，QOLの向上，特定の治療目的の達成度など）を設定する。

（2）　研究実施計画書の作成

クリニカルクエスチョンを立て，PE(I)COを定義し，リサーチクエスチョンに構造化できたら，研究実施計画書を作成する。研究実施計画書の作成は，研究の効率を上げるために必須の過程である。RWDを用いた研究では，データベースの管理者にデータ取得の申請をする際に，研究実施計画書の提出を求められることが一般的である。そして，有償のRWDを入手するためには研究費を事前に獲得する必要があり，研究費申請書作成

のためにも研究実施計画書の準備は必須となる。

　研究実施計画書の構成は，ⅰ）研究テーマ，ⅱ）研究の目的と背景（すでに明らかになっていることは何か？／まだ明らかになっていないことは何か？→研究の目的），ⅲ）研究期間，ⅳ）対象者（対象者の組み入れ基準と除外基準），ⅴ）必要となるデータ項目（患者の背景要因，曝露因子，評価指標），ⅵ）統計手法（データ加工やデータ解析の計画），ⅶ）期待される結果，などである。

　利用可能なデータベースのなかから，データベースの特性を考慮して，研究に必要なデータ項目を取得できるデータベースを選ばなければならない。

（3）　研究体制

　研究は，研究計画立案→データ抽出→データクリーニング→統計解析→論文執筆の順に行われる。全ての過程を一人で行うことは不可能である。臨床家，疫学者，データアナリスト，統計家など複数が参画する研究チームの編成が必要である。

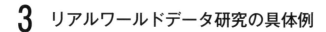

3　リアルワールドデータ研究の具体例

（1）　NDBを用いた研究例

　NDBを用いた研究論文は2013年に初めて出版され，論文数は年々増加し2019年6月までに68報が出版された[4]。そのうち43報が英語論文である。これらのうち，研究分野は臨床医学，薬学，感染症学が多かった。NDBはこれから研究利用がさらに加速していくことが期待される。

　NDBはその悉皆性を活かして，疾病の有病率や，薬物使用や手術・処置・検査などのプラクティスパターン分析には向いている。複数の医療機

関をまたいでの受診を追跡できるため，受療行動の記述研究も可能である。しかし，NDBデータから取得できるリスク調整因子は，年齢，性別，病名，投薬，検査・処置・手術の実施の有無ぐらいである。疾患の重症度などのデータは不足しており，リスク調整が十分にできないため，治療の効果比較研究は困難なことが多い。たとえば，DPCデータの様式１に含まれる臨床情報は，NDBには含まれない。

〈研究例１〉　日本におけるデング熱患者の治療実態[5]

デング熱ガイドライン（WHO，2011年）では，デング熱感染患者にアセトアミノフェンと等張液を推奨しているが，非ステロイド抗炎症薬（NSAIDs）と低張液は推奨していない。また先行研究は，デング熱感染に対する血小板輸血の有効性の証拠を示さなかった。本研究は，日本のデング熱患者がどの程度ガイドラインに従って管理されたかを明らかにすることを目的とした。

2011年から2015年までのNDBから，デング熱またはデング出血熱の患者のデータを抽出した。患者数は1,370人（デング熱1,306人，デング出血熱64人）。1,185人の患者は20歳以上であった。そのうち，デング熱患者の24.5％とデング出血熱患者の48.4％は低張液，12.9％と18.8％はNSAIDs，1.3％と17.2％は血小板輸血を受けていた。20歳未満の患者と20歳以上の患者を比較すると，それぞれ57.8％と54.5％がアセトアミノフェンを受け，6.5％と14.3％がNSAIDsを受け，40.0％と38.3％が等張液を受け，37.8％と23.7％が低張液を受けた。デング熱患者の1.3％とデング出血熱患者の17.2％に血小板輸血が使用されていた。

日本のデング熱患者は，ガイドラインが推奨しない治療を受けたために，有害事象を発症するリスクが増加した可能性がある。医師がガイドラインに従うことを促進するために，さらなる努力が必要である。

〈研究例２〉　歯科医によるがん手術前の口腔ケアと術後肺炎の発症率
　　　　　　および死亡率の関連[6]

　手術後の肺炎の発症の原因の一つとして，口腔内や咽頭に存在する細菌を嚥下してしまうことがあげられる。細菌を減少させる口腔ケアが術後肺炎の発症予防に効果がある可能性については示唆されてきた。しかし，大規模な臨床研究の結果はこれまで示されていない。

　NDBデータベースを用いて，2012年５月から2015年12月までの頭頸部，食道，胃，結腸直腸，肺，または肝臓がんの切除を受けた患者を同定した。患者を「周術期口腔機能管理料」を算定されたグループ（介入群）とそれ以外（対照群）に区分した。主要アウトカムは手術後30日以内の術後肺炎および全死亡率とした。傾向スコアを用いた逆確率による重み付け法によって，患者の背景を調整した。

　509,179人の患者のうち，81,632人（16.0％）が歯科医による術前口腔ケアを受けた。手術後30日以内に15,724人（3.1％）の患者が術後肺炎を呈し，1,734人（0.34％）の患者が死亡した。歯科医による術前口腔ケアは，術後肺炎の減少と有意に関連していた（3.3％対3.8％，リスク差：-0.48％，95％信頼区間：-0.64％〜-0.32％）。歯科医による術前口腔ケアは，手術後30日以内死亡率の低下と有意に関連した。（0.30％対0.42％，リスク差：-0.12％，95％信頼区間：-0.17％〜-0.07％）

　以上より，歯科医によるがん患者への術前口腔ケアは術後肺炎の減少と関連するというエビデンスが得られた。

（２）　JMDCデータを用いた研究例

　JMDCのホームページから提供されている情報（https://info.jmdc.co.jp/jrda/）によれば，JMDCデータを用いた研究論文は，2020年４月時点で230報以上出版されている。論文の主なテーマは，治療法や処方パターン，疾患のリスク因子，医療費に関するものが多い。

　JMDCデータは，NDBと同様に，被保険者番号を用いて複数の医療機関での入院や外来診療を追跡可能である。レセプト情報だけでなく健診データもある。そして，NDBと異なり，被保険者台帳のデータもあるため，被保険者と被扶養者との家族関係も分かる（これらの点はDPCデータにはない利点である）。

　しかし，JMDCデータはNDBデータと同様に疾患の重症度に関するデータが乏しい。そして，NDBと異なり，75歳以上の後期高齢者のデータは含まれないので，高齢者が多い疾患の研究には向いていない。小児や中高年層をターゲットにした研究が主体となる。

〈研究例〉　夫婦内での心血管健康メトリックスの関連[7]

　JMDCデータを用いて，87,160組の夫婦内での心血管の健康指標の関連を調べた研究である。アメリカ心臓協会は，「7つの改善可能なリスク要因に基づく心血管健康メトリックス（Cardiovascular Health Metrics based on 7 modifiable risk factors)」として，下記をあげている。

　（ⅰ）理想的なBMI：$<25kg/m^2$，（ⅱ）理想的な血圧：$<120/80mmHg$，（ⅲ）理想的な空腹時血糖：$<100mg/dl$，（ⅳ）理想的な総コレステロール：$<200mg/dl$，（ⅴ）理想的な喫煙状況：非喫煙，（ⅵ）理想的な身体活動：週2回以上30分の運動または1日1時間以上の歩行，（ⅶ）理想的な食習慣：以下が週3回以下；1）朝食抜き；2）就寝前2時間以内の食事；3）夕食後の間食。

　これらのうち，食習慣は健診データの中に適切に代用できるデータ項目がなかったので，食習慣以外の6つの指標を健診データの中で適切に代用できるデータ項目を用いて，夫婦内での関連を調べた。

　結果は，心血管健康メトリックスを5-6個満たす妻の夫のうち，32%の夫は0-1個の心血管の健康指標を満たしていたが，56%の夫は6個の心血管の健康指標を満たしていた。これは夫の年齢（20〜39歳，40〜49歳，

50～59歳，60歳以上）に関わらず，同様の結果だった。この夫婦内の関連は，喫煙，血圧，空腹時血糖の項目でより強い関連がみられた。

　以上より，夫婦は同じような生活習慣になることから，夫婦ともに心血管リスクが高いことが多く，生活指導や治療をするならば夫婦ともに行うことが重要であるといえる。そして，夫婦セットの医療保険などの商品開発の参考にもなる。

（3）　DPCデータを用いた研究例

　DPCデータでは様式１に各種疾患の進行度や重症度の指標が含まれる（がんのstage, A-DROP, mRS, JCS, Barthel Index, Child-Pugh, NYHA, Hugh-Jonesなど）。患者の身長・体重，喫煙歴などの臨床情報も含まれる。これらの情報を活かして，急性期入院医療に関する臨床研究が実施可能である。

　2021年３月現在，DPCデータを用いた臨床研究の英文原著論文は600報以上出版されており，既存のRWDの中で最大の実績をあげているデータベースである。

〈研究例１〉　低侵襲食道切除術と開腹食道切除術の短期アウトカムの比較[8]

　DPCデータを用いて食道癌の患者に対する低侵襲食道切除術と開腹食道切除術による院内死亡率，手術部位感染率，術後入院期間を調べた研究である。

　低侵襲食道切除術は広く普及した手術である。しかしながら，全国規模の研究で低侵襲食道切除術が開腹食道切除術を上回る明確なメリットが確立されていない。

　本研究では，低侵襲食道切除術群（5,359人）と開腹食道切除術群（6,227人）の院内死亡率を比較した。結果は低侵襲食道切除術群と開腹食道切除術群でそれぞれ，院内死亡率（1.2% vs 1.7%），手術部位感染率

（1.9% vs 2.6%），術後入院期間（23日 vs 26日）であった。

　以上より，食道癌の患者への低侵襲食道切除術が開腹食道切除術を上回るメリットがあるというエビデンスが得られた。

〈研究例 2〉　播種性血管内凝固症候群に対するトロンボモジュリンの効果[9]

　2008年に日本で発売された遺伝子組換えトロンボモジュリン製剤は，播種性血管内凝固症候群（DIC）の治療薬である。日本の治験では，種々の原因によるDIC患者232例を対象に，DIC離脱率をエンドポイントとして評価した結果，対照群（ヘパリン群）よりもトロンボモジュリン群の方がDIC離脱率は有意に高かった。しかし，この研究では，症例数を確保するために病因の異なるDICをひとまとめにしており，またDIC離脱率という代替エンドポイントが用いられた。

　本研究では，DPCデータを用いて，トロンボモジュリンと死亡率との関連が検証された。2010年 7 月から2013年 3 月の間の936施設からの，対象を重症肺炎に伴う敗血症性DICであり入院当日または翌日から人工呼吸器管理およびノルアドレナリンなどの投与を要した6,342人に限定した。傾向スコア・マッチングと操作変数法による交絡調整を行い，トロンボモジュリン使用群と非使用群の間で28日死亡率を比較した。傾向スコア・マッチングによる1,140ペア（2,280人）の比較では，28日死亡率はそれぞれ37.6%，37.0%となり，両群間で有意差を認めなった。（オッズ比：1.00，95%信頼区間：0.87〜1.22）。各施設のリコモジュリン使用率を用いた操作変数法の結果でも，両群間に28日死亡率の有意差を認めなかった。

　なお，上記の〈研究例 2〉の後，26カ国における大規模臨床試験（SCARLET試験）の結果が2019年に論文発表された[10]。2012年10月から2018年 3 月に敗血症性DICで集中治療室に入室した患者800人を対象に，トロンボモジュリン群（n=395）およびプラセボ群（n=405）の間で28日死亡率が比較された。その結果，28日死亡率はトロンボモジュリン群26.8

％，プラセボ群29.4％，リスク差2.55％（95％信頼区間：−3.68 〜 8.77）となり，群間で28日死亡率に有意差を認めなかった。

　大規模RWDを用いて適切に交絡調整が実施された研究は，適切にデザインされたランダム化比較試験と同様の結果をもたらすことの証左であるといえる。

（4） 患者登録データを用いた研究例

　日本外傷データバンクは，日本救急医学会診療の質評価指標に関する委員会と日本外傷学会Trauma Registry検討委員会が中心となり構築した外傷に関する患者登録である。外傷診療の質の向上を目的に，外傷患者に関わるデータを集積しており，参加施設の研究者による学術研究も数多く実施されている。

〈研究例〉　重症外傷患者のヘリコプター搬送vs救急車による搬送[11]
　重症患者の長距離搬送にドクターヘリが利用されることがある。医療機関到達までの時間短縮によって救命率や予後の改善が期待できる。本研究では，重症外傷患者の長距離搬送にドクターヘリを利用した場合と救急車を利用した場合とで，患者の死亡率を比較したものである。21,286人の重症外傷患者を対象とし，ヘリコプター搬送群（4,128人），救急車搬送群（17,158人）について，傾向スコアを用いた逆確率による重み付け法を用いた場合，在院死亡率はそれぞれ20.8％および23.9％（リスク差：-3.9％，95％信頼区間：-5.7〜-2.1）となった。操作変数法を用いた場合，リスク差：-6.5％，95％信頼区間：-9.2〜-3.8となった。以上より，重症外傷の長距離搬送におけるドクターヘリの有用性が示された。

4 RWD研究の利点と限界

（1）　RWDとランダム化比較試験

　ランダム化比較試験（RCT）は，もっとも内的妥当性が高い研究デザインであり，試験のプロトコールを遵守した理想的な医療環境下で実施される。RCTで評価されているものは，効果が最大限に発揮できそうな環境で，しかも効果が高そうな対象者に絞った場合，つまり理想の世界における治療の有用性（efficacy）である。一方，RWDを用いた研究は，現実の世界における治療の有効性（effectiveness）を評価している。

　RCTの結果は適応基準に合致する患者にのみ当てはまる。そして，RCTでは高齢者，妊婦，小児，合併症のある患者は対象から除外されることが多い。このため，RCTの結果の一般化可能性は高くない。一方，RWDを用いた研究は，高齢者，妊婦，小児，合併症のある患者を対象とした研究も行うことができる。

　さらに，RCTは倫理的・費用的な側面から実現不可能なことが多い。そのようなケースであっても，RWDを用いて研究が可能なことがある。

　RWDを用いた研究は，RCTでは得られないエビデンスとエビデンスの隙間を埋めることができる。つまりは，RCTとRWDは相互補完的である。

　そして，RWDを用いた研究で避けて通れないのが，交絡の問題である。交絡とは，患者の背景要因や治療を受ける施設の要因が，治療効果に直接影響を与えるだけでなく，治療Aと治療Bの選択にも影響を及ぼす場合に生じるものである。これを交絡因子という（**図表2-1**）。RWD研究では，交絡因子を可能な限り取り除くことで，ゆがんだ結論が導かれないようにしなければならない。

42

[図表2-1] 交絡因子

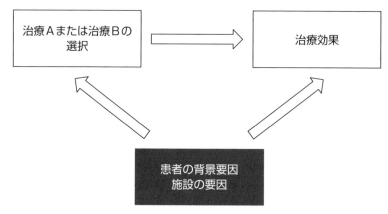

（2） 現状のRWDの課題

1） 患者登録

　患者登録は，あらかじめ研究計画を立て，必要なデータ項目を決めてからデータ収集可能である。患者登録の課題としては，多施設の協力を得る必要がある点である。患者登録は学会などのアカデミアが主体で行われることが多く，データベースの維持管理の人材やコストが問題となる。

2） 保険データベース

　全国規模のデータが扱えることから，保険データベースはRWDを用いた研究によく用いられる。しかし，そもそも研究目的につくられたデータベースではないので，研究に必要なデータ項目が必ずしも存在しないことがある。それを代替できるデータもない場合は，分析そのものが困難となる。

3） 電子カルテデータ等を含むデータベース

　医療機関によって導入されている電子カルテシステムの仕様がさまざま

であり，異なるベンダー間でデータの互換性が乏しいため，データの統合
には高い技術と多くの労力を要する。データの容量も膨大であるため，現
在のところ電子カルテデータ等を含むデータベースはせいぜい数十施設規
模である。

（3）　異なるデータベース間のデータ連携の可能性

　現状では医療の共通ＩＤが存在しないため，異なるデータベース間で異
なるＩＤが付与されており，個人レベルでデータを連携することは困難で
ある。しかし，もしも異なるデータベース間でデータ連携が可能となれば，
豊富な医療情報を活用した研究の可能性が広がる。

1）　DPCデータとがん登録データの連携による臨床研究の発展可能性

　DPCデータとがん登録データを連携させることによって，がん患者を
対象とした研究の発展可能性が期待できる。具体的には，がん登録データ
からがんの種類，進行度，治療内容が取得でき，DPCデータからは詳細
ながん治療とがん以外の入院医療のデータを取得できる。そのため，それ
ぞれ単独ではできない臨床研究も，両者を連携させることによって実現可
能となる。

　ただし，DPCデータ固有の問題として，患者が受診する病院を変更し
た場合に追跡不可能となる。この問題はがん登録データと連携させても依
然として残る。

2）　DPCデータと電子カルテデータの連携による臨床研究の発展可能性

　既存の電子カルテデータと連携したデータベースは多くても約200弱の
施設数の規模である。より多くの病院からのDPCデータと電子カルテデ
ータを連携できれば，症例数は多くなり，より大規模な臨床研究が可能と
なる。たとえば，希少疾患に関する研究も可能となる。

DPCデータに含まれる患者背景や治療履歴データに加えて，電子カルテ由来のバイタルサイン情報，検査データ，画像診断データなどを活用することによって，研究の対象集団・曝露要因・交絡要因・アウトカムなどをより正確に定義できる。たとえば，慢性腎不全の患者を対象集団としたい場合，これまでのDPCデータ単独での研究では病名のみを用いて慢性腎不全を定義するしかなかった。電子カルテ由来の採血データがあることで，糸球体濾過量推定値を用いて正確に定義できる。

5 RWDの活用範囲の拡大

（1） 医薬品の適応拡大と安全性評価への活用

RWDを用いた研究成果は，薬事申請時のエビデンスとしても，欧米では活用され始めている。米国では，米国食品医薬品局（FDA）が2018年12月にFramework for FDA's Real-World Evidence Programを開始した。ヨーロッパでは，欧州医薬品庁（EMA）が2018年11月にディスカッションペーパー Use of patient disease registries for regulatory purposes-methodological and operational considerationsを発出した。これらのように，RWDを薬剤の承認の意思決定に活用するための環境が整えられつつある。

欧米では，RWDを用いて医薬品の副作用検出による安全性評価を行うだけでなく，適応外使用の検証も行われるようになっている。そのエビデンスによって，適応拡大の申請が許可されている。一方，日本ではPMDAがMID-NETを用いて，市販後の医薬品の副作用検出を促しているものの，適応拡大や新薬の承認申請時のエビデンスとしてはまだ十分に活用されていない。今後は日本も欧米と同様に，RWDをさらに活用し，RWEを薬事申請時のエビデンスとして利用すべきである。

（2）　医療技術評価への活用

　医療技術評価（Health Technology Assessment, HTA）とは，広義には，「医療技術の開発・普及および使用によって生じる医学的，経済的，社会的かつ倫理的意義を分析する学際的な政策研究分野」と定義される（医療技術評価機関国際ネットワークInternational Network of Agencies for Health Technology Assessment, INAHTA）。

　狭義には，「医療技術の費用対効果の評価」を指すものであり，それによって医薬品や医療機器の保険収載の判断や価格調整を行うことである。つまり狭義の医療技術評価は，医療経済評価とほぼ同義である。

　費用効果分析とは，複数の医療サービスを費用と効果の両方を考慮しつつ比較検討する手法である。効果指標として，生活の質（Quality of life, QOL）で調整された生存年である質調整生存年（Quality adjusted life year, QALY）が用いられることがある。RWDを用いれば，どのような患者が，どの薬剤や医療機器を用いて治療を行い，その結果どのくらいの期間生存し，医療費がどのくらいかかったかなどのデータが得られる。これらを用いることで，費用効果分析に必要なデータを得ることが可能になる。

　日本では2019年4月より費用対効果評価制度が本格導入された。今後，RWDの医療技術評価への活用の拡大が期待される。

（3）　医療政策評価への活用

　医療政策評価は，医療政策の効果を測定・分析し，設定した評価指標によって客観的な判断を行い，政策の企画立案やそれに基づく実施を的確に行うためのエビデンスを提供することである。得られたエビデンスをもとに次の政策立案を行うことをEBPM（Evidence-based Policy Making, エビデンスに基づく政策立案）という。

　医療政策評価においてもRWDは利用可能である。政策評価のために新

たにデータを収集するよりも，すでに収集・蓄積されたRWDを活用する方が，労力とコストの両方の面で優れている。

たとえば，小児の医療費助成や抗菌薬のガイドラインは，保険データベースを用いて，その政策が施行された前後で小児の受診動向や抗菌薬の使用状況の変化を分析することによって評価できる。

（4）　RWDからRCTへの橋渡し

RWDの１つである患者登録に登録された患者から，新たなRCTの対象者を選別し，エントリーするという試みもなされている。近年，医薬品開発における臨床試験実施にかかる費用が増大している。患者登録データを活用した臨床試験への患者レジストリは，臨床試験のプロセスの効率化と費用削減に役立つかもしれない。そして，希少疾患領域の医薬品開発においては，患者の絶対数が少ないことから，臨床試験へのリクルートが困難なケースも存在する。患者登録データを活用することで，患者のエントリーの円滑化が期待されている。

国内の患者登録データの先駆的な取り組みとして，国立がん研究センターのSCRUM-Japanがあげられる。SCRUM-Japanとは，全国のネットワーク病院において，がん患者のゲノムスクリーニングを行い疾患登録システムに登録することで，希少がん患者の治験組み入れを効率的にする仕組みである。国内の多数の医療機関に加えて，製薬企業，検査会社なども参加しており，集められた臨床情報や遺伝子情報は，新薬の研究や将来の患者利益につながる研究に活用されている。

そして，国立がん研究センター以外の各ナショナルセンターや各学会においても，平成26年から疾患登録システム構築が開始されている。たとえば，国立循環器病研究センターの脳卒中，心不全を対象としたレジストリや，国立国際医療センターの糖尿病を対象としたレジストリなどが存在する。

　しかし，それぞれの疾患登録システムは，利用目的に応じた情報の収集がなされていないことやさまざまな組織によって独自に運用されていることなどから，患者レジストリの整備状況等について，情報の一元的な集約・可視化ができておらず，必ずしも研究者や企業が患者レジストリを活用しやすい環境ではなかった。このような背景から，各ナショナルセンターの疾患登録システムを治験・臨床研究に対して最大限活用するため，関係機関のネットワークを構築し，産学連携による治験コンソーシアムを形成するための施策として，2015年度より厚生労働省および国立研究開発法人医療研究開発機構（AMED）主導の下で，クリニカル・イノベーション・ネットワーク構想（CIN）に関する取り組み・検討が開始された。疾患登録情報を活用して効率的な治験ができる環境を整備することにより，国内外の製薬企業の国内臨床開発を加速し，新薬の早期開発による国民の健康寿命延伸につなげることが目指されている[12]。

　CINでは，疾患登録システムの構築・活用が進められており，2019年6月より，ポータルサイトにてレジストリのリストが一般公開され，レジストリ検索システムが構築されている。その結果，レジストリの利活用に向けた情報発信や相談体制が構築され，企業やアカデミアにおいて，レジストリの利活用がより推進されるための体制整備が進められている。

　CIN構想でのこれまでの取り組みとして，2015年の事業開始以来，各種システムの整備・構築にはじまり，新たなレジストリの構築，企業活用推進に向けた検討などさまざまな取り組みがされてきた。また，レギュラトリーサイエンスの側面から，疾患登録情報を活用した治験・臨床試験を実施するためのガイドラインの作成や，アジア地域における薬事協力推進についても進められている。

第 3 章

医療分野でのリアルワールドデータ活用に関する促進と規制策

1　医療分野でのRWD活用に関する国の施策

前章までで医療におけるRWDの活用の現状について述べてきたが，本章では日本における健康・医療に関するRWD活用に関する課題と施策について述べる。

日本は世界に例を見ない速さで高齢化が進行しており，現在，総人口における65歳以上の高齢者が占める割合（高齢化率）は28.7%（2020年）となり世界最高水準にある。そして，この高齢化率は今後も上昇を続け，2040年には35.3%に達する見込みである。[13]

このような大きな人口動態の変化に対して日本においては，国民皆保険制度を維持しつつ，一人ひとりの健康寿命をどう延ばすかという問題の解決に取り組む必要がある。

（1）　国家戦略における医療情報利活用推進施策

これらの背景から，国家戦略として2010年代より日本再興戦略，未来投資戦略，健康・医療戦略等において，医療等情報の利活用に向けた方向性が示されている。以下にて，それぞれについて言及する。

1）　日本再興戦略

「日本再興戦略 -JAPAN is BACK-」は，第 2 次安倍内閣によって2013年 6 月に制定された成長戦略であり，2014年，2015年，2016年と改訂されている。そして，この戦略によって2013年 8 月には，健康・医療戦略推進本部が設置され，2014年 5 月に健康・医療戦略推進法（推進法）が成立した。

この日本再興戦略では，国民の利便性向上の観点から，医療分野におけるICTの活用を推進することが示されている。そして，医療や介護現場で

の情報共有によって患者の利便性を高める地域医療連携の取り組みの推進
や，医療情報の分析によって健康管理を行うサービスの発展を目指してい
る。

2）　未来投資戦略

2017年6月に閣議決定，2018年に改訂された成長戦略であり，Society
5.0の実現，データ駆動型社会の実現を目指すものである。

健康・医療分野において，効率的な臨床開発のための環境整備を疾患登
録システム等のネットワーク化によって進める「クリニカル・イノベーシ
ョン・ネットワーク」と，医薬品等の評価と安全対策を高度化するための
医療情報データベース（MID-NET）を連携させ，開発から安全対策まで
の一連の過程で，より大規模なRWDの活用の推進を目指したものである。

3）　健康・医療戦略

健康・医療戦略は，2014年7月に，上述の日本再興戦略に基づき策定さ
れた推進法によって，「政府が総合的かつ長期的に講ずべき健康・医療に
関する先端的研究開発および新産業創出に関する施策の大綱」として策定
された。

「データ利活用基盤の構築」として，以下4点を国民・患者・現場の理
解を得ながら実行するとしている。これにより，海外からの人材・投資の
呼び込みも含め，医療分野の先端的研究開発および新産業創出等に資する
オールジャパンでのデータ利活用基盤を整備することが示されている。

①　データ収集段階から，アウトカム志向のデータを作ること

②　各個人の健康・医療・介護に係る経年的なデータを統合し，医
　　療・介護職に共有できるようにするとともに，自らこうした情報を
　　確認・活用できるようにすること

③　産官学の様々な主体がこうしたデータにアクセスし，研究開発に

　活用すること
　④　データ連携に関して国際的な動向との整合性に留意すること

（2）　データヘルス改革の推進

　日本のこれまでの健康・医療・介護の施策は，データが分散し，つながりにくいなかで進められてきた。そのため，患者や国民が過去の健診データや治療履歴を踏まえた最適な診断や治療を受けるためには，個人でデータ収集等を行う必要があり，社会保障制度のメリットを十分実感できるデータ環境とはいえない状況にあった。そこで，こうした状況を打開するため，国民や患者の意向に十分に配慮しつつ，これまでの「供給者目線」から，需要者である「国民，患者，利用者目線」に切り替え検討がなされてきた。

　そして，厚生労働省に「データヘルス改革推進本部」が設立され，2017年7月「国民の健康確保のためのビッグデータ活用推進に関するデータヘルス改革推進計画・工程表」および「支払基金業務効率化・高度化計画・工程表」という医療分野のビッグデータ活用を推進する施策[14]が示された。具体的な取り組みとして以下3点が示されている。

1）　保健医療ビッグデータ利活用

　厚生労働省は，レセプト情報・特定健診等情報データベース（NDB）や介護保険総合データベース（介護DB）の連結解析を行い，行政，保険者，研究者，民間事業者など幅広い主体のビッグデータの利活用を目指している。これによって，疾病や要介護状態の回避に結び付く早期の予防施策の展開や，治験・臨床研究への患者アクセス，新たな治療法の開発や創薬，科学的な介護の実現を加速させることを目指している。

2） 保険者のデータヘルス支援

　これは，個人ならびに保険者の健康管理に関するデータを集約し，①個人の健康データを時系列的に本人に対して提供すると共に，②経営者や保険者に，加入者やその家族の健康情報を提供し，経営者による健康経営（健康スコアリング）等の取り組みにも活用されることを目指している。国民一人ひとりや事業主に，健康管理の意義や重要性を分かりやすく訴えかけ，各人の行動変容へつながる取り組みを推進するとしている。

3） セキュリティ対策の徹底

　情報のリスク評価と，評価に従った専門的なセキュリティ監視の徹底を目指すものである。監視にあたっては，専門要員による監視コストを下げるため，AIを活用したリスク検知等の自動化を図るとともに，データ利用に関するガイドラインを整備し，セキュリティ統制を確立することを目指している。

（3） PHRサービスの広がり

　厚労省の「国民の健康づくりに向けたPHRの推進に関する検討会」における定義では，PHR（パーソナルヘルスレコード）サービスとは，「生活習慣改善に向けたリコメンドを行う機能」，「記録された保健医療情報を研究開発等のために第三者提供を行う機能」，「個人の保険医療情報を記録管理・閲覧する機能」を有するサービスとされている。これらの機能の特徴は，国民個人の健康・医療・介護に関するデータを取得している点である。そして，これらのPHRサービス以外では，健康増進に資するインセンティブ付与，情報発信，特定保健指導，受診相談，医療機関探索・予約取得に関するサービスがある。

　このようなPHRに関連するサービスについては，マイナポータルを通じた公的なPHR情報の提供も想定されており，今後，公的機関と民間企

業が担うPHRの役割の明確化が重要な論点となる。

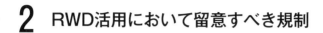

2 RWD活用において留意すべき規制

　医療分野でRWDを活用するにあたり，留意すべき規制として，個人情報保護法があげられる。特に医療分野は，個人情報の性質や利用方法等から適正な取り扱いを厳格に実施する必要がある分野の1つとされており，各医療機関等においても積極的な取り組みが求められている。介護分野においても，介護関係事業者は，多数の利用者やその家族について，他人が容易には知り得ない個人情報を詳細に知り得る立場にあり，同様に個人情報の適正な取り扱いが求められる分野である。

　そして，個人情報保護法を遵守しつつ医療情報の利活用促進を行うために，次世代医療基盤法が策定されている。

　これらの規制は，ビッグデータを企業が活用する場合とアカデミア／研究機関が活用する場合とで対象範囲が異なる。そして，その結果，企業とアカデミア／研究機関とではアクセスできるデータの種類や範囲に差異が生じる。企業などにて関連するビジネスを企画する際には，この点に留意する必要がある。

（1）　個人情報の保護に関する法律（個人情報保護法）

　情報化技術の進展によって個人の権利利益の侵害の危険性が高まったことや，国際的な法制定の動向等を受けて，2005年4月に個人情報保護法が施行された。さらに，個人情報保護法の策定時には想定し得なかった，より高度化した情報通信技術とグローバル化する事業展開によってパーソナルデータの活用の可能性が広がった。そのような状況を背景に，2017年5月に改正個人情報保護法が施行された。

　改正個人情報保護法では，①個人情報のなかでも特に取り扱いに配慮を

要する病歴等の医療情報を「要配慮個人情報」と定義し，これを第三者に提供するためには（学術研究等を除いては），あらかじめ本人の同意「オプトイン」が必要であるとした。そして，②特定の個人を識別できないように加工された個人情報を「匿名加工情報」と定義したうえで，これに対しては「オプトアウト」による第三者提供を認めることとした。

　そして，医療・介護関係事業者に向けて法の趣旨を踏まえた個人情報の適正な取り扱いが確保されるために，「医療・介護関係事業者における個人情報の適切な取扱いのためのガイダンス」[15]が2017年4月に策定された。この中では，遵守すべき事項および遵守することが望ましい事項等が具体的に記載されている。

（2）　匿名加工医療情報に関する法律（次世代医療基盤法）[16]

　次世代医療基盤法は，国民の医療情報を健康・医療に関する先端的研究開発および新産業創出に利活用し，健康長寿社会を実現するために個人情報保護法の特則として2018年5月に施行された法律である。

　医療分野の研究開発に資するための匿名加工医療情報に関し，匿名加工医療情報作成事業を行う者（認定事業者）の認定，および医療情報，匿名加工医療情報等の取り扱いに関する規制等を定めている。これにより，①医療機関等から認定事業者へ要配慮個人情報である医療情報を提供すること，②認定事業者から利活用者へ匿名加工医療情報を提供することが可能となった。

　特定の個人を識別できないように加工された匿名加工医療情報かどうかは，一般人または一般的な医療従事者を基準として判断される。そのため，利活用者と認定事業者との契約において，匿名加工医療情報の利用目的，利用形態，利用範囲等の利用条件を明確にした。たとえば，利活用者から第三者へ匿名加工医療情報を提供するときは，改めて認定事業者の許可などが必要となる。

　そして，アカデミア／研究機関に対しては，日本の医療分野の研究開発に資する限り，幅広く，匿名加工医療情報を利活用することが期待されている。そして，認定事業者に対しては，利活用者の研究開発のニーズに応じ，多様なRWDを収集することが期待されている。

 # 3 匿名加工情報に関する動向

（1）　匿名加工情報とは

　匿名加工情報とは「特定の個人を識別することができないように加工し，かつ当該個人情報を復元することができないようにした情報」である。この定義に則り，個人情報保護法の2015年改正にて個人情報を適切に加工することで，本人の同意なく第三者提供できる制度が新設された。

（2）　次世代医療基盤法による匿名加工医療情報活用の推進

　医療情報を利活用するための，研究者等が使えるデータを提供することが匿名加工医療情報活用の目的である。従来，個人情報保護法の規制のなかで医療機関において収集した情報の第三者に対するデータ提供が検討されていたが，要配慮個人情報が含まれている場合には患者の同意が必要となる。そのため，医療機関側でデータを匿名化する業務が必要であるなど業務負荷が生じることがあり，情報の活用が進みにくい場合があった。また，日本が他国と比べて医療情報の利活用の遅れがあるという危機感もあり，特別法として次世代医療基盤法の検討が進められた。

　そして，2017年に次世代医療基盤法として，匿名加工情報を健康・医療分野における研究開発に利活用し，日本の医療の発展，健康長寿社会の実現につなげるための法律が公布された。同法では匿名加工情報を行う事業者を「認定匿名加工医療情報作成事業者（認定事業者）」，認定事業者の委

託を受けて医療情報や匿名加工医療情報を取り扱う事業者を「認定医療情報等取扱受託事業者」と位置付け，主務府省（内閣府，文部科学省，厚生労働省および経済産業省）がそれぞれ認定をおこなうこととなった。これによって，患者の個別同意は一定の条件でよい（オプトアウト）こととなり，医療機関の倫理審査は認定事業者内に有識者会議を設けて一括して承認可能となり，医療機関は匿名化せずに認定事業者にデータを渡すことができ，医療機関側で匿名化の処理が不要（認定事業者の責任で匿名化）となった。

（3） 匿名加工医療情報活用への期待

　次世代医療基盤法の整備によって，①連携医療機関等が国民・患者の医療情報（レセプトデータ・DPC：診断群分類別包括評価調査データ，電子カルテデータ等）を収集し認定事業者に提供すること，②認定事業者が匿名加工のうえ，医療分野の研究開発に必要な情報のみを，研究機関や製薬企業などに提供すること，③研究機関や製薬企業などは，提供された医療情報を活用し，医療分野の研究開発に活用することができるという一連の枠組みが制定された。

　これによって，医療ビッグデータの活用が促進され，医療技術などの開発が加速することが期待されている。

1） 個別化医療への活用～患者一人ひとりに最適な医療を提供することへの期待

　同じ病気の治療でも，薬による治療法，手術による治療法など選択肢は多様である。また，使用する薬や手術の方法にもさまざまな種類がある。RWDの活用によって，その患者の年齢や症状，状態に合わせた最適な治療法を分析し，診療に反映させることが可能になる。

2）　異なる診療科の情報を統合することで治療成績の向上への期待

　高齢者であるほど，複数の疾患を有する傾向にある[17,18]。日本は，高齢化が今後も進むことを考えると，複数の疾患を有する多疾患併存の患者が増えると考えられている。これまでは医療機関をまたぐ医療データの統合，解析は困難であったが，データが統合されることによって分析が可能となる。

3）　最先端の画像分析によって病気の早期診断・早期治療を支援することへの期待

　大量の医用画像を，AIに機械学習させることで，最先端の診療支援ソフトウエア製品が開発され，医師の診断から治療までを包括的に支援することが可能になる。たとえば，CT画像を解析することで，がんなどの病気の早期診断・早期治療につながる医師の判断を支援することが期待されている。

4）　医薬品などの安全対策の向上が可能に

　医薬品の副作用の発生頻度については，現在，医療機関から報告を受けたものが把握されている。今後，RWDの活用によって，ある医薬品を処方した患者全体の医療情報を用いることが期待されている。そして，医薬品が投与されない対象群において同様の有害事象が生じたかの把握も進むことが期待される。このように副作用の発生頻度の把握，比較が容易になり，医薬品の使用における安全性が向上することが期待される。

（4）　匿名加工事業者の動向

　2022年5月現在までに匿名加工事業者として，（一社）ライフデータイニシアティブら，（一財）日本医師会医療情報管理機構らおよび（一財）匿名加工医療情報公正利用促進機構ら，の3者が認定を受けている。

（5）　匿名加工情報における課題

　製薬企業からのニーズは，これまでは，レセプトやNDBでの利用についての相談が多くあったが，それに加え，電子カルテ等のデータをどう活用するかという点での期待が増している。そして，これに伴い各種課題が顕在化している状況にある。

1）　効率的なデータ蓄積のためのデータ提供義務化

　現状では，多くの国民・医療機関・自治体の承諾を得てデータを集める構造であるため，データ収集に時間がかかる傾向にある。そして，データ提供に協力したい医療機関があり，過去のデータで提供したいものがあったとしても不明者（最近医療機関を受診していない人）や死亡者のデータは使えない。

　そこで，これに対して，たとえば，国主導で，特定健診，出生届，死亡届の自治体保有情報の提供を義務化する枠組みや，情報提供によるインセンティブなども考える必要がある。

2）　認定事業者間の連携機能強化

　現状では医療機関は，国に向けてデータを提供しており，認定事業者に対しては，改めて同じデータを提示する手間が生じている。そこで，認定事業者もNDBなどを使えるようにするための，連携強化が必要である。

　解決策として，認定事業者間の連携支援組織の設立が考えられる。たとえばカナダでは連邦と各州による折半出資の独立非営利組織としてCanada Health Infowayという組織が設立されている。ここでは，電子カルテの構造化，情報連携，医療IDなど名寄せ機能の支援，利活用に資する法律改正への研究などを実施している。このような，機関の設立も含め，EHR（Electronic Health Record）等を活用した画像・データ共通化などの

実施が必要である。

3）　個人が参加しやすい環境整備

　現在はオプトアウトの取り組みとして，患者一人ひとりに書類を渡したり，院内で関連する情報を掲示したりする手法が取られている。今後，さらに多くの患者が参加しやすい環境を目指すのであれば，病院がデータを提供する際の業務負荷軽減策も併せて検討することが求められる。

　特に，DNAの塩基配列は個人情報であり，オプトインで個別同意をとる必要があることから，データが集まりにくく研究が進みにくい可能性があり，法的な環境整備の検討も必要である。

4）　電子カルテの構造化データの強化

　電子カルテには，所見・問診情報，撮影関連情報，処方歴などの情報が付随しているが，これらデータが構造化されたデータとして出力されなければ，活用は難しい。現状は，医療機関から認定事業者に対して提供されるデータの範囲が必ずしも揃っておらず，異なったデータ形式（PDFやJPEGなど）で提供されている場合もある。さらなる情報の蓄積・解析が進むためには，データの標準化・規格の統一化が望まれる。

5）　医療ID生成システムの再設計

　認定事業者にデータが提供される際に，医療IDという番号が生成される。具体的には，マイナンバーの番号（Seed番号）をHash化して医療としての番号が生成される。そして，それをさらにHash化したものが紐づけ番号（ID5）として生成されている。この紐づけ番号が個人単位被保険者番号とつながり，オンライン資格システムを通して医療に関する情報を参照することになる。一方で，個人単位被保険者番号は家族単位であり，かつ転職すると番号が変わるため，1人の方の一生分のデータが完全につ

ながっているわけではない。また，ID５'番号が生成され認定事業者に提供されるが，認定事業者向けであり，事業者向けではない点は注意が必要である。

現状では個人情報保護法の観点から複雑なシステムとなっているが，事業化の観点も踏まえた医療ID生成システムのさらなる検討が必要である。

4 仮名加工情報に関する動向

（1） 仮名加工情報とは

仮名加工情報とは「他の情報と照合しない限り特定の個人を識別することができないように加工された情報」である。加工前の個人情報よりも漏えいリスクを低減させつつ，データとしての有用性を同等程度に保つことで，匿名加工情報よりも詳細に/簡便に加工し分析することが可能とされている。

（2） 仮名加工医療情報活用への期待

以下のようなケースでの利用が想定されている。

- 当初の利用目的としては特定されていなかった新たな目的で，データセット中の特異な値が重要とされる医療・製薬分野における研究用データセットとして用いるケースや，不正検知等の機械学習モデルの学習用データセットとして用いるケース。
- 事業者が過去に取得した個人情報を新たな形で利活用（特定の個人を識別する必要のないもの）したい場合に，その利活用が，当初に特定した利用目的の範囲内に該当するものであるか，判断に迷うようなケース。

第 **4** 章

ヘルスケア産業における
リアルワールドデータの認識

1　RWDへの注目度が高まっている

　昨今，ヘルスケア産業では，RWDに対する注目度が高まってきている。特に，医薬品・医療機器の研究開発目的でのRWD活用をはじめ，健康・医療系アプリなどから取得されるRWD活用に関する取り組みが活発になってきている。

　RWD活用促進の背景として，製薬企業における医薬品の開発コストの高騰や法規制の改正があげられる。2016年に米国で，先進的な治療法の開発やUnmet Medical Needsに資する研究促進のためのReal World Evidence（RWE）活用が掲げられた。その後，Food and Drug Administration（FDA／米国食品医薬品局）から承認申請にRWD／RWEを活用するためのフレームワークおよびガイダンスが発出され，RWEを創出するためのRWDとして，EHRや診療報酬請求，患者登録などから得られたデータが記載された。このように，規制当局によってRWDの活用が具体的に示されたことで，製薬企業におけるRWD活用の検討が一段と活性化されたものと考えられる。

　図表4-1に，RWDに対する注目の高まりを示す一つの根拠として，日本でのRWDに関する論文数推移を示す。上述のRWD活用が米国にて推進され始めた2016年の1年間において日本で公開されたRWD関連論文数を100と設定し，RWD関連論文数の公開が相対的にどのように推移しているかを下記グラフで示す。PubMedでの検索結果[i]を基に分析すると，2016から2017年にかけて，2倍以上に増えたことが確認された。その後2020年までの3年間で，飛躍的にRWD関連論文の公開が増加していることが確認できた。これらの情報からも，RWDに対する注目度が急激に高まっていることが推察される。

---

i　PubMedでの論文検索式：（"real world data" OR "RWD"）AND "Japan"

[図表 4 - 1] RWD論文数（相対値：2016年＝100）

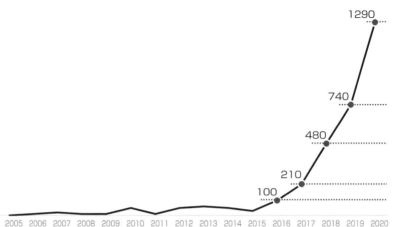

 2 RWDに対する認識が異なる

（1） 調査背景

　前述で紹介してきたとおり，ヘルスケア領域においてRWDを用いた研究に対しては注目度が高くなってきている状況にある。一方で，ヘルスケア業界が実態としてどの程度RWDに対して理解度があるか，活用状況はどのようになっているかは明らかになっていなかった。そのため我々は，これらを明らかにするために，今回，大規模なインターネット調査を実施した。

（2） 調査方法

　本調査は，GMOリサーチ株式会社のモニターパネルを活用し，2021年2月18日〜 2月23日の期間にアンケート調査を実施した。

　本調査の主目的は，RWDのヘルスケア関連業界別の理解度・活用状況

を把握することにある。そのため，ヘルスケア関連業界を「製薬」「医療機器」「介護」「健康」「食品」「保険」「IT・デジタル」の7業界と設定し，「RWDの種類等について把握できているか？」という問いに対して，「十分把握できている，概要は把握できている，あまり把握できていない」とした回答者（有効回答者）が各業界50名は得られるようにして進めた。これら各50名×7業界の350名を有効回答者として，RWDの種類などについての理解度，利活用の現状（活用状況，活用目的，活用できていない場合の課題等）についての設問を設定した。

（3）　調査結果および考察

1）　RWDに対する認知度・理解度

　ヘルスケア関連業界の方の全回答者数は，3,490名であった。また，以下の**図表4-2**には，RWDの種類などを「十分把握できている」，「概要は把握できている」，「あまり把握できていない」のいずれかを選択した方の合計人数を①，RWDの種類等「把握できていない」と回答した人数を②として示す。

　全体では，RWDを少なからず把握している方（①）は全体の15%であった。そして，業界別にみると，「IT・デジタル」ではRWDを少なからず把握している方は7%であった。

　ここから以降の分析は，上記の①において，各業界50名をランダムに抽出し，計350名を有効回答者数として分析を進めた。

[図表4-2]　RWDの理解度　n＝350名

	全体	製薬	医療機器	介護	健康	食品	保険	IT・デジタル
①	513	80	67	74	66	77	74	75
②	2,977	249	124	359	237	537	466	1,005
①＋②＝③	3,490	329	191	433	303	614	540	1,080
①／③＝④	15%	24%	35%	17%	22%	13%	14%	7%

[図表 4 - 3]　RWDの種類等についての理解　n＝513名

	全体	製薬	医療機器	介護	健康	食品	保険	IT・デジタル
十分把握できている	12%	20%	8%	12%	10%	12%	12%	10%
概要は把握できている	32%	36%	40%	38%	22%	36%	14%	38%
あまり把握できていない	56%	44%	52%	50%	68%	52%	74%	52%

　有効回答者のうち，「現在，あなたはRWDの定義や種類についてどの程度把握できているか」について回答を募った（**図表 4 - 3**）。この結果，「十分把握できている」と回答した方は12%，「概要は把握できている」と回答した方は32%であり，半数以上の方は「あまり把握できていない」と認識している。そして，業界によって認識にばらつきがあり，「保険」については，74%の方が「あまり把握できていない」と回答した。

　これらの結果より，業界ごとにRWDに対する認知度・理解度が異なっていると考えられる。たとえば，「製薬」では認知度・理解度が他のヘルスケア産業従事者よりも進んでいる可能性が高いと考えられる。

2)　RWDの種類に対する理解

　有効回答者に対し，「RWDと聞いて思い浮かべるデータ」は何か複数回答を得た（**図表 4 - 4**）。

　調査の結果，全体の25%は「思い浮かべるRWDはない」と回答しており，RWDの具体的なデータが何か，イメージしにくい状況にあると考えられる。業界別では，「製薬」「医療機器」は10%程度，「介護」は約20%であったが，「健康」「食品」「IT・デジタル」に至っては約30%が，「保険」は約半数が思い浮かべるRWDがないと回答した。

　そして，全体としてRWDとして多くの方がイメージしたデータは，電子カルテデータ，レセプトデータ，そしてRWDではないが，ゲノム（遺伝子情報）データであった。ただし，いずれも約30%の回答率であり，RWDの種類などを少なからず把握している方の中でもRWDに関する統一されたイメージが業界横断で形成されているわけではない。そして，ライ

[図表 4 - 4]　RWDの種類に対する理解（回答率）n＝350名

	全体	製薬	医療機器	介護	健康	食品	保険	IT・デジタル
電子カルテデータ	31%	52%	34%	26%	26%	20%	20%	36%
レセプトデータ	29%	50%	42%	30%	28%	14%	14%	26%
患者服薬データ	24%	54%	28%	12%	20%	14%	16%	24%
健康診断・検診・予防接種データ	23%	32%	30%	16%	36%	16%	12%	20%
市販直後データ	16%	24%	24%	8%	12%	4%	8%	24%
疾患レジストリデータ	16%	36%	24%	8%	18%	6%	4%	16%
健康に関するアンケート結果	15%	16%	10%	12%	24%	12%	12%	20%
自宅等で医療機器で測定したデータ	15%	22%	18%	6%	12%	10%	12%	26%
ウェアラブル端末の日常生活データ	13%	22%	14%	8%	8%	8%	8%	20%
その他	2%	0%	2%	0%	0%	6%	2%	2%
思い浮かべる RWD がない	25%	10%	8%	18%	30%	28%	46%	32%
ゲノム（遺伝子情報）データ	30%	30%	36%	36%	32%	26%	22%	28%

＊数回答可，ただし「思い浮かべるRWDがない」を選択すると他の選択肢は選べない。

フ・サイエンス系のオミックス情報として分類されるゲノム（遺伝子情報）データが多く選ばれたことから，RWDとオミックス情報の違いがビジネスマンの間で十分には浸透していないと考えられる。業界別で見ても，ゲノム（遺伝子情報）データと事業上の親和性が高い「製薬」で30％，「医療機器」「介護」で各36％回答しており，ヘルスケア産業全体としても十分に理解が進んでいない状況にあることが示唆される。

　さらに，全体をとおして，RWDとして「ウェアラブル端末の日常生活データ」が該当するとしたビジネスパーソンは13％と少なく，業界別では，「製薬」「IT・デジタル」で20％程度，「介護」「健康」「食品」「保険」では 8 ％であった。これらの日常生活データは，健康予防系RWDとして広義のRWDに含まれるが十分には認識されていない可能性がある。

3)　RWD保有現状

　有効回答者に対し，「現在，あなたが所属する組織（部門）で保有しているRWD（リアルワールドデータ）」は何か複数回答を募った（**図表 4 - 5** ）。

　調査の結果，全体の42％がRWDを保有していないと回答した。「食品」

[図表4-5] RWD保有現状（回答率）n=350名

	全体	製薬	医療機器	介護	健康	食品	保険	IT・デジタル
電子カルテデータ	18%	16%	16%	24%	20%	16%	16%	16%
レセプトデータ	17%	18%	20%	24%	24%	16%	8%	6%
患者服薬データ	12%	20%	10%	10%	18%	12%	8%	4%
健康診断・検診・予防接種データ	11%	20%	12%	12%	12%	10%	4%	6%
市販直後データ	11%	36%	18%	8%	6%	0%	6%	2%
疾患レジストリデータ	9%	16%	18%	4%	4%	0%	6%	2%
健康に関するアンケート結果	11%	18%	12%	8%	16%	4%	18%	4%
自宅等で医療機器から測定したデータ	5%	8%	10%	2%	8%	0%	4%	2%
ウェアラブル端末の日常生活データ	7%	8%	10%	6%	8%	8%	8%	2%
その他	5%	0%	4%	2%	8%	2%	6%	12%
RWD は保有していない	42%	34%	28%	28%	36%	54%	50%	64%
ゲノム（遺伝子情報）データ	18%	16%	28%	26%	16%	16%	14%	8%

＊複数回答可，ただし「RWDは保有していない」を選択すると他の選択肢は選べない。

「保険」「IT・デジタル」においては，半数以上の方が，RWDを保有していないと認識している。そして，RWDの活用が最も進んでいると想定される製薬業界においては，保有しているRWDとして最も多くの方が回答したのが，市販直後データであり36％であった。各業界の企業においてさまざまなRWDが多く保有されている状況ではない可能性が高いと考えられる。

4）　RWDを十分活用できていない場合の理由

　有効回答者に対し，「現在，あなたの所属する組織（部門）がRWD（リアルワールドデータ）を十分活用できていない場合の理由」について複数回答を得た（**図表4-6**）。

　RWDを組織内で十分活用できていない場合の理由は，全体では，「RWD活用の必要性がない」と回答した方が26％と多かった。これは業界別にみると，「保険」「食品」「IT・デジタル」で高く，所属組織でのRWD活用の必要性が十分検討なされていない可能性がある。また，RWDの活用が進んでいると考えられる「製薬」では，「RWD活用の必要性がない」と回答した方は約15％程度と他業界と比較し少ない状況にあるが，

[図表4-6]　RWDを十分活用できていない場合の理由（回答率）　n=350名

	全体	製薬	医療機器	介護	健康	食品	保険	IT・デジタル
RWD活用の必要性がない	26%	14%	16%	24%	20%	34%	42%	34%
RWDで何ができるのか分からない	17%	18%	18%	28%	20%	14%	16%	8%
RWDの入手・分析が困難／煩雑	17%	30%	20%	10%	28%	10%	10%	12%
RWDの分析人材・組織が十分でない	17%	24%	26%	10%	20%	14%	2%	22%
RWDの定義が明確でない	17%	10%	22%	18%	18%	22%	14%	12%
RWD関連法規制が分からない	14%	14%	10%	16%	18%	14%	10%	16%
RWD購入費用が高額	13%	24%	12%	12%	10%	10%	12%	8%
RWDからのエビデンス構築が困難	10%	22%	10%	10%	8%	8%	4%	6%
RWDは分析に資する信頼性がない	9%	20%	12%	10%	8%	6%	8%	6%
その他理由	7%	14%	10%	4%	8%	4%	4%	6%
RWDを十分活用できている	3%	4%	2%	4%	4%	2%	4%	4

＊複数回答可，ただし「RWDを十分活用できている」を選択すると他の選択肢は選べない。

「入手・分析が困難／煩雑」「エビデンス構築が困難」「信頼性がない」といった分析上の課題に加え，「分析人材・組織が十分でない」「購入費用が高額」などのリソース上の課題も選択されており，RWD活用に向けた多様な原因がある。また，「RWDを十分活用できている」と回答した人は各業界5％未満であり，RWDの活用は十分に進んでいない可能性が高いと推測される。

5）　RWD活用に対する課題

　有効回答者に対し，「現在，あなたがRWD（リアルワールドデータ）をさらに収集・分析し事業に活用する上で，課題だと感じること」について複数回答を得た（図表4-7）。

　全体では，RWDを企業がより使いやすくすべきと考える方が22%であった。そして，「製薬」「医療機器」では多様な課題が認識されており，「保険」「IT・デジタル」ではRWDの事業活用の必要性の検討余地があり具体的な課題は現時点では大きく認識されていないと考えられる。これらの多様な課題への対応が日本でのRWDビジネスの推進において重要である。

[図表4-7] RWDを事業に活用する上での課題（回答率）n=350

	全体	製薬	医療機器	介護	健康	食品	保険	IT・デジタル
RWDの企業利用の利便性促進	22%	38%	20%	16%	14%	24%	16%	24%
RWD活用の法規制の緩和	20%	20%	20%	26%	14%	16%	18%	24%
RWDの事業活用の可能性理解	19%	30%	22%	20%	16%	16%	18%	12%
RWD自体のデータ品質向上	19%	30%	22%	20%	22%	12%	14%	10%
RWD収集・分析人材確保や体制整備	18%	28%	28%	12%	16%	12%	12%	16%
RWDのデータ費用適正化	17%	26%	24%	14%	18%	14%	10%	16%
RWDでの医学的エビデンス構築	15%	28%	24%	12%	28%	6%	2%	6%
上記以外の課題	3%	2%	2%	2%	6%	0%	4%	2%
特に課題はない	22%	16%	8%	14%	10%	26%	42%	38%
わからない	15%	12%	16%	16%	22%	18%	10%	10%

＊複数回答可，ただし「特に課題はない」「わからない」を選択すると他の選択肢は選べない。

6) RWD活用に対する期待

　有効回答者に対し，「今後，あなたが所属する組織（部門）で，RWD（リアルワールドデータ）を事業活用する目的として期待すること」について複数回答を得た（図表4-8）。

　RWDの事業活用に際して期待する領域として全体では，「新製品・サービスの研究および開発」「新たな市場・顧客の開拓」が高く35％程度であった。業界別にみても，多くの業界でRWDを事業成長に活用できないか期待されている。

[図表4-8] RWDを事業活用する目的として期待すること（回答率）n=350

	全体	製薬	医療機器	介護	健康	食品	保険	IT・デジタル
新製品・サービスの研究および開発	35%	50%	48%	32%	24%	40%	22%	30%
新たな市場・顧客の開拓	34%	42%	30%	26%	34%	34%	28%	42%
既存製品・サービスの改善	26%	34%	34%	20%	34%	18%	22%	22%
社会貢献（臨床疫学研究など）	18%	32%	24%	8%	22%	10%	16%	14%
データ自体の販売	15%	20%	6%	14%	12%	22%	6%	22%
上記以外	6%	4%	8%	8%	8%	2%	12%	2%
期待していない	25%	22%	10%	20%	22%	28%	42%	32%

＊複数回答可，ただし「期待していない」を選択すると他の選択肢は選べない。

（4）　調査のまとめ

　本アンケート調査の結果，RWDの種類等を少なからず把握している方に限ってみても，RWDに対する認知・理解状況が異なり，企業においては保有しているRWDも多くないと考えられる。一方で，RWDを今後の事業成長に活用することへの期待が存在し，業界・企業ごとのRWDの事業成長上の阻害要因の原因や課題対応が重要と考える。

　今後，ヘルスケア関連ビジネスにおけるデータ利活用の重要性が高まるなかで，RWDを活用したいと考える企業が，RWDを十分に活用できる体制・環境を整える必要があるだろう。企業がRWDの事業活用を推進し革新的なヘルスケアイノベーションを創出していくために，ヘルスケア産業に関わる方々においてもRWDに対する正しい理解・認識を広げる必要がある。

第 5 章

リアルワールドデータ活用に関する
海外動向

1 欧州

　欧州では予防，診断，健康維持，治療，モニタリング，予測，診断，管理など医療にかかわるリアルワールドデータを活用する製品を「e-Health」と称している。そして，EC（欧州委員会）は，このe-Healthについて2019年に年次報告書[19]を示し，これらの適切な保険償還の範囲・評価などを決定するための具体的な基準が必要と記している。この基準の策定には，製造業者，医療専門家，患者，保険者などの利害関係者間での協議が，初期段階から必要とも記載している。そして，モバイルデバイスを介して医療，公衆衛生および福祉の場で使用される医療提供の形態をMobile Health（mHealth）と定義している。mHealth分野では10万を超えるアプリケーションが既に欧州で存在している。主なものとして患者の自己管理能力向上を目的とし，患者の行動変容に働きかけるものがある。

　EUにおいては1995年以降積極的に情報通信技術（ICT）の活用と促進を支援しており，ECが2010年に発表した中長期的ICT戦略：欧州デジタルアジェンダ（A Digital Agenda for Europe）[20]においては欧州での取り組みをリードすることを明記している。さらに，欧州全体におけるデータ，ライセンス，サービス，人，物の国境を越えた認可や管理，法的枠組みを作成することを目標とした「Digital Single Market（デジタルシングルマーケット）」構想を示している。そして，このデジタルシングルマーケット構築を進めるべく，2015年にはeコマース，著作権，eプライバシー，デジタル権利，VAT（付加価値税）規則，サイバーセキュリティに関する主要立法案を策定した。2020年には，欧州デジタルアジェンダとして7つの主要項目を発表し，ユーザーおよび企業のデジタル製品およびサービスへの利便性を改善するなどした。

　2019年2月には，EU域内での患者データの安全な共有化と患者が自身

の健康データへ自由にアクセスすることを可能とするため，「eHDSI：eHealth Digital Service Infrastructure」が開始された。これは患者情報とオンライン処方箋を一体化してデータ交換を行う仕組みである。たとえば，EU域内に住む市民は自国以外の国へ旅行などで訪れた際に訪問国の薬局で，オンラインで転送された処方箋を基に薬を入手することができる。国をまたいで医療サービスを受ける際の医療費の払い戻しについては居住国の医療制度に基づくことが原則であるが，欧州健康保険カード（EHIC）を持っているか否かにもよるなど個別に対応が必要ではある。

　また，欧州全体で取り組まれている研究計画としてHorizon2020[21]がある。これは全欧州規模で研究および技術開発を促進することを目的としており，パーソナルヘルスケア（PHC）の一環として，健康増進，疾病予防，自己管理にmHealthを活用し人々の行動変容に貢献することを目的の一つとしてあげている。Horizon2020には2014年から2020年までの間で約10兆円以上の公的資金援助が行われ，さまざまな実証プログラムが推進された。

　欧州各国の国内のデジタルヘルスケアに対する体制整備も進められている。フランスでは，2009年eHealthを管轄する健康情報共有システム庁（ASIP Santé：Agence des Systèmes d'information partagés en santé）がフランス政府保健機関として設立された。個人の健康データのセキュリティおよび保護のための技術的要件，フレームワークを規定している。そして，データの機密性等を確保し検証することを目的にHDS（Hébergeur de Données de Santé）認証を導入している。

　さらに，EUではこれらデジタルヘルスに関する評価についての議論もなされており，患者中心医療，治療を含めた患者のトータルケア，患者アウトカム（治療効果）を重視した質的評価が採用されている。2018年に出されたオンライン診療市場分析レポート：Market study on telemedi-

cine[22]において，ヘルスケアIT，ソフトウエアサービスを含むオンライン
デジタル医療サービスを総称しConnected Healthcare：コネクティッドヘ
ルスケアとしているが，コネクティッドヘルスは，患者の管理・治療・ケ
アにおいて個人および社会的，施設および個人の双方の視点を取り入れた
コスト削減への視点が重要であるとされ，ケアコストの削減と患者アウト
カムの向上が重要視されている。患者報告アウトカム評価：Patient Re-
ported Outcome（PRO）は，費用と時間をかけずに迅速にデジタルアプリ
ケーションの価値と有効性を検証できる方法として，ケアコストの削減よ
りも重要視される傾向にある。

　そして，ECにおいては，ヘルスケアプロジェクト全体の評価指標とし
て，2009年the Model for Assessment of Telemedicine applications
（MAST）を公表している。15の地域で実施されたオンライン診療等に係
る他施設臨床試験プロジェクトUnited4Healthにおいて，データ集約，結
果の比較検討の質を保証するためMASTを共通指標として用いている。
MASTは欧州において最も多く利用されているオンライン医療評価ツー
ルであり，欧州各地で行われた大規模プロジェクトを基に統合サービスの
実施可能性を検証したSmartCareプロジェクト[23]，虚弱高齢者などがQOL
を維持した生活を継続するための患者目線によるテクノロジーサービスネ
ットワークを検証したinCASAプロジェクト[24]，その他デンマークのPa-
tient@home[25]など各国で独自に行われた実証実験においても使用され，
MASTを主題とした研究論文も多く発表されている。

　なお，慢性疾患は多種多様な病態を示すためMAST以外の評価手法も活
用されている。たとえば，MAFEIP（Monitoring and Assessment Frame-
work for the European Innovation Partnership on Active and Healthy
Ageing：アクティブに健康的に歳を重ねることに関する欧州イノベーシ
ョンパートナーシップのためのモニタリングと評価のフレームワーク）[26]
およびMomentum[27]などがあげられる。まず，MAFEIP は，ケアの提供

方法，デバイス，外部からの介入技術，組織モデルなど，ICTによっても
たらされるさまざまなイノベーションに対する健康と経済アウトカムを予
測することを目的としている。評価指標の算出方法はユーザーズガイド[28]
で確認することができる。次に，Momentumは，オンライン医療の主要
プレイヤーが提供する定常的なケアに関するオンライン医療サービスの知
識と経験を共有するプラットフォームである。Momentumはオンライン
医療のアイデアおよび実証試験の結果を実際の日常業務へ活用するため，
広く一般の人々へ示すガイダンスの作成を目的としたものである。3年間
のMomentumプロジェクトを通して得られた結果を基にオンライン医療
を展開するためのツールや成功要因を示したEuropean Momentum for
Mainstreaming Telemedicine Deployment in Daily Practice[29]が2015年2
月5日に発表された。このなかで，オンライン医療の市場展開の段階評価
として，自己評価ツールであるTelemedicine Readiness Self-Assessment
Tool（TREAT）を併せて評価に使用することが推奨されている。

▶ 2 ドイツ

ドイツは2018年時点で約1,900の医療機関，15万人の医師，2万8,000人
の心理療法士が外来診療にあたっている。約3割の国民が1年に約5回医
療機関を訪れると試算されている。外来は基本的に家庭医と呼ばれる開業
医が担当し，入院医療は病院医が行う。

医療保険システムとして法定疾病保険（SHI：Statutory Health Insur-
ance）[ii]と民間疾病保険（PHI：Private Health insurance）[iii]が並列して存在
する。SHIにおける保険者は疾病金庫[iv]と呼ばれており，地区疾病金庫，
企業疾病金庫など複数の種類がある。外来診療範囲は疾病の早期発見，治

---

ii　GKV：Gesetzliche Krankenversicherung
iii　PKV：Privat Krankenversicherung
iv　Krankenkasse

療，改善，緩和，重症化予防に資する全ての医療行為であり，医療相談・検査・処置・手術・訪問診療などの往診および処方，他院への紹介料も含み給付率は100％のため，患者窓口負担は原則発生しない。PHIでは患者がいったん医療費を支払った後に保険者から払い戻しが行われる。そして，SHIでは登録医師数を，地域および専門分野別に管理しており，医師は保険医として各専門分野別に認可委員会から保険医認定を受けなければ払い戻しを受けることはできない。一方で，PHIにはこういった規制は存在しない。

　医薬品および医療機器の審査・評価・監視は，ドイツ薬事法[v]に基づきドイツ連邦保健省[vi]配下の行政機関である連邦医薬品医療機器庁[vii]が担っており，治療用アプリに関する取り組みの主管課となっている。

　ドイツ政府は安全な医療提供体系を構築するため，電子ヘルスカードと電子カルテ提供のための技術基盤構築を進めている。2019年5月11日に発行されたTerminservice- und Versorgungsgesetz[viii]は，デジタル化によって提供される電子患者カルテ活用を目的としている。被保険者はスマートフォンもしくはタブレットを介して自身の患者情報にアクセスできる仕組みである。

　そして，電子事前承認（ePA）システム[30, ix]は2021年1月1日よりテストフェーズが開始され，アプリケーションが加入健康保険会社から無料で提供される（ダウンロードを患者が行う）システムとなっている。使用に関しては任意となっており，患者自身が使用判断を行う。医療従事者，薬局，患者間における包括的ネットワークを構築し，医療情報の適切かつ効率的な利用を目的とする。患者はePAを利用することによって電子処方計画へのアクセス，緊急データ登録を行うことが可能であり，自身の健康デ

v　AMG：Arzneimittelgesetz
vi　BMG：Bundesministerium für Gesundheit
vii　BfArM：Federal Institute for Drugs and Medical Devices
viii　TSVG：Act on Medical Appointments and Health¬care
ix　ePA：Electronic Prior Authorization

ータにいつでも必要時，場所を問わずアクセスすることができる。これら
デジタル化プロセスを後押しした原動力となったのは，2019年に秋に実施
された連邦保健省（BMG）によるインフラ開発を担当するゲマティック
社の株式過半数取得がある。BMGは過半数を超える51％の株式をもつ株
主となっている。

　そして，電子処方箋を使用するために必要な規制Gesetz für mehr Sicherheit in der Arzneimittelversorgung[x]が2019年7月に発効された。さら
に2020年以降に電子投薬計画としてGP[xi]（家庭医）と専門家間の安全な通
信アプリケーションの導入も予定されている。電子前には予防接種記録，
出産記録，子の健康診断結果，歯科治療履歴なども含まれる予定となって
いるため，安全で強固なデジタルシステムのため保護基準を定義すること
を目的として掲げている。そして，連邦政府のAI戦略の一部としてBMG
は今後AI（人工知能）を活用したヘルスケアシステムの改善を掲げている。
これは，医療従事者に代わるAIではなく，医療従事者がAIを活用し，特
に希少疾患分野における早期診断や癌などの個別化医療に貢献できること
を目指している。

　BMGは，デジタルヘルスケアの普及には医師，心理療法士，その他の
医療従事者に対する知識の提供や教育を行うだけでは不十分と捉えている。
つまり，一般の方々の理解がこれらの取り組みにとって必要不可欠としてい
る。そこで，BMGは，患者の自己決定を後押しすることを目的とした，
診断と治療に関する適切な情報提供を行う健康ポータルの開発を進めてい
る。[31]

　そして，2019年4月には，BMGによってデジタルイノベーションを推
進するためにHealth Innovation Hub（HIH）が設立された。HIHは，電子
カルテ，相互運用のためのデータ形式やデジタルアプリケーション，AI

x　GSAV：Act on Greater Security in the Supply of Medicines
xi　General Practitioner

アプリケーション，デジタルアプリケーションの評価，ファスト・トラック，オンライン処方，データ活用について，2021年12月を期限に取り組みを進めた。

> **参考：デジタルヘルスケア法**

　ドイツでは，デジタルヘルスケア法（Digitale Versorgung Gesetz：DVG）が2019年11月にドイツ議会（Bundestag）を通過し，同年12月にドイツ連邦法令官報（Bundesgesetzblatt）に告示され施行された。医療のデジタル化拡大を意図する他の法規制のなかでも，この法律はアプリなどによる患者の行動変容により治療を行うデジタル治療のための治療用アプリの処方と保険償還を認めるものである。

　この法令のなかで，治療用アプリは低リスクの医療機器（クラスⅠまたは Ⅱa）に分類され，「第5社会保障法典（Fünftes Buch Sozialgesetz-buch –SGB Ⅴ）」に新たに加えられた第33条a の下記の条項の下，法定疾病保険によって償還される。

- 医師による処方，または健康保険会社の許諾
- 連邦医薬品医療機器庁（Bundesinstitut für Arzneimittel und Medi-zinprodukte：BfArM）によって，デジタル医療用アプリのディレクトリに収載されていること

　連邦医薬品医療機器庁は，ディレクトリ収載に先立ち，アプリの安全性，機能性，品質，データセキュリティ，データ保護について確認しなければならない。さらに，治療用アプリのメーカーはそのアプリが患者の健康に及ぼすポジティブな効果を1年間の試行期間中に実証しなければならない。メーカーはこの試行期間中に法定疾病保険によって償還されるべき価格を自由に設定することが認められている。ポジティブな効果が実証されれば，BfArM はそのアプリを恒久的にディレクトリに収載することになり，そ

れによってメーカーと疾病金庫中央連合会（GKV-Spitzenverband）との間で収載された治療用アプリの最終的な償還額を決定するための価格交渉を行うこととなっている。

　この法令において，治療用アプリは保険償還対象であると明示され，またその償還プロセスとして，アプリの安全性，機能性，品質，データセキュリティ，データ保護を確認した後に有効性は実利用でのデータを用いて判断し，最終的な償還額を決定することとなっている。

参考：DiGA

　DiGAはデジタルヘルスケアアプリケーションを指し示し，ドイツ語読みのDigitale Gesundheitsanwendungen の頭文字をとっている。DiGAは，欧州医療機器規則（MDR：Medical Device Regulation）におけるClass I（計測，滅菌，再使用可能な外科用器具・機器）およびClass IIa（電子血圧計，カテーテル，輸血用機器，注射器，補聴器，電子体温計等）に該当する医療機器であるとしている。データ収集のみを目的としたデジタルアプリケーションではなく，デバイスなどのデジタル機能が医療における治療目標の達成に貢献する必要性を示す必要がある。それは疾病の認知，モニタリング，治療に介入することによって，疾病の改善，怪我や障害の補完として働くものである。つまり二次予防，三次予防は治療に含まれるが，DiGAが疾病の一次予防（発症予防）のためにしか機能しなければ「該当外」としている。また，患者もしくは患者と医療従事者によって利用されるものと規定しており，患者のアプリケーション使用が必須となっている。患者を治療する医師のみが治療のために使用する医療機器（医療設備）・評価プログラム（患者状態を考慮し医師に評価に関するアドバイスを行うなどといった治療上の推奨事項の提供を目的としたもの），およびセンサーなどを含む情報収集を目的としたものではないとしている。

　デスクトップ，またはブラウザアプリケーションなどのネイティブアプ

リケーション，デバイス，センサー，その他ハードウェアはDiGAに該当する可能性がある。

そして，オンライン診療で利用されるアプリケーションについてもデジタル設計されたものであり，患者へのポジティブヘルスケア効果が期待できるものであればDiGAに該当する可能性がある。しかし，オンライン診療プラットフォームはDiGAとみなされない。

リスク分類について，2020年5月より欧州医療機器指令（MDD：Medical Devices Directive)[32]から新たな欧州医療機器規則（MDR）へと移行予定であったが，新型コロナウィルス感染症の影響を受け適用開始が延期され，2021年5月26日よりMDRが適用された。そのためDVGにおいても適用までは，医療機器リスク分類はMDDのリスク分類規則に従うとしている。

3 英国

英国では全国民が自己負担なく（処方や歯科医療に対しては患者負担あり）医療を受けることができる国民保健サービス（NHS：National Health Service）が導入されている。16歳以上の就労者の保険料支払いによって支えられている。英国においては，受診には原則家庭医とよばれるGPを受診することが求められており，GPはNHSに登録・契約を結ぶ必要がある。専門医受診および他院への紹介受診を行う場合もGPによる紹介状が必要である。また，概して高額にはなるが民間保険および自費による自由診療を利用することも可能である。患者負担に関しては特定疾患を有する者，16歳未満60歳以上の者，低所得者および妊産婦は免除されている。

デジタルヘルスを促進するために，国民保健サービスを所轄する保健省[xii]下にNHS，自治体，内閣府，保健社会福祉省の関係者にて構成されて

---

xii DHSC：Department of Health and Social Care

いる国家情報局[xiii]が設置されている。2013年4月 Health and Social Care Act 2012によってNHS Digitalが設立された。NHS Digital はHealth and Social Care Informatin Centre の商標である。NHS Digitalはデータ収集，保存，転送，分析，配信などを所轄業務としている。個人情報の保護やデータの安全性，サイバーセキュリティを保ちつつ，各個人にとってより良い医療提供のための技術システムの構築および管理を目指している。NHS Digital を通じて医療関係組織への情報提供および，医療と介護，福祉の連携を支援している。また，ヘルスケアアプリケーションの開発支援として，NHS Apps Libraryを立ち上げている。NHS Apps Libraryでは安全性，使いやすさ，アクセシビリティなどNHSの品質基準を満たしたアプリケーションにオンラインアクセスできるようになっている。ここでは治療用アプリには限定されておらず，評価および承認された70以上のアプリケーションに一般市民および医療従事者がアクセス可能になっている。2013年NHS Englandによって15のアカデミック機関ネットワーク[33, xiv]が設立され，NHS，アカデミック機関，地方自治体，産業界，第三セクターをつなぐ組織として，患者アウトカムの改善を最優先に健康・医療に関わる社会および経済全体の変化を促進することを目的として，イノベーションサポート，適切な条件，アンメットニーズの特定，ケーススタディの公表を行っている。

　英国においては5年ごとにヘルスケア戦略が見直されている。NHS Englandは2015年テレヘルス，テレケア，オンライン診療，オンラインコーチング，セルフケアアプリなどを包括した健康維持に関するデジタルICTの活用とサービスの実装を目指し，実用的なツールやリソースの提供を目的としたTECS（Technology Enabled Care Services）[34]を発表した。NHSは個々に存在するデジタルテクノロジーの特性を合わせたトータルプロダ

xiii NIB：National Intelligence Bureau
xiv AHSNs：Academic Health Science Networks

クトを作り上げることが治療効果の向上や医療格差減少など医療変革には
必要であるとし，実装・調達・評価・改善に必要なツールとしてTECSを
活用するとした。2013年に設立されたHealth and Social Care Information
Centre（HSCIC）は，情報テクノロジー戦略の一つとして，2015年に5か
年計画Information and technology for better care[35]を発表。NIBとともに
ヘルスケアデータや電子カルテの情報・システム管理を担い，医療従事者
によるデータの収集や管理の負担軽減を目的としたデータサービスプラッ
トフォームの設立を目指している。活用しきれていなかった個人識別番号
として付与されているNHS番号を，デジタル化における個人識別ID番号
として患者カルテに利用することがアクションプランとして明記された。
このことによって病院紹介状および公的文書にはNHS番号の記載が行わ
れるようになり，医療データの容易な把握と共有化を推進，専門職の個人
識別に対しても「SCR Smart Card」を発行し管理の効率化を進めた。

　英国では効率的なデータ活用を促し，実証実験の結果やエビデンスなど
知識と経験の共有化を進めるため情報にオンライン上で容易にアクセスが
できるようにしている。その一つとして，NIHR（National Institute for
Health and Care Research）から公的資金援助を受けたプログラムのエビ
デンスデータベース（研究における患者アウトカムや費用対効果の結果），
調達および実装，結果の測定・評価をサポートするツールとリソース，英
国および国際的に実施されたオンライン診療・医療に関するケーススタデ
ィへのオンラインアクセスが可能である[36]。NHSは2019年Long Term
Planにおいて今後10年間で患者が医療にアクセスする際は「digital first」
となることを掲げ，デジタルヘルスツールとサービスの範囲を拡大すると
しているが，このLong Term Planではデジタルアプリケーションは患者
および市民の自己管理能力：エンパワーメントの向上を主とする健康状態
の維持，重症化予防，健康管理を目的としたセルフケアアプリケーション
として位置付けられている。

　デジタルヘルスアプリケーションを含むデジタルテクノロジーを適切に評価するため，国立医療技術評価機構（NICE：National Institute for Health and Care Excellence）にて有効性評価が行われ，医療技術評価プログラム[37, xv]の確立を目指している。そして，開発および市場参入を促すためNICEはオンラインデータベースであるHealthTech Connect[38]を通じて開発企業へケーススタディデータの提供やサポートを提供している。さらに英国政府は革新的な医薬品，デジタルデバイス（ヘルスケアアプリケーション），診断機器の恩恵をいち早く患者が受けられるよう，エビデンスをもとに審査・評価・償還・市場参入のプロセスを迅速化することを目指し，2014年11月よりAAR：Accelerated Access Reviewプロジェクトを開始した。この取り組みでは，「妊娠糖尿病」「成人における睡眠障害」「学校保健におけるチャットコミュニケーションプラットフォーム」の3つのパイロット試験が2017年3月に終了している。

　2021年1月，保健社会はデジタル・データヘルステクノロジーにおける適正ガイド[39]を発表しており，ユーザビリティに関してはその評価ツールとしてISO 9241-210：2019 Ergonomics of human-system interaction—Part 210：Human-centred design for interactive systems およびISO 62366-1：2015 Application of usability engineering to medical devices を使用することを推奨している。その他データ利用に関する倫理原則，製品価値の明確化，ユーザーニーズ把握の必要性，アウトカム評価指標，ユーザビリティ・アクセシビリティ，技術的保証，臨床的安全性，データ安全性，データ管理・保護，サイバーセキュリティ，製品関連規制，相互運用性などについて評価視点や法的ガイダンスが確認できる。

---

xv　MTEP：Medical Technologies Evaluation Programme

4　ベルギー

　ベルギーでは，公衆衛生に関する閣僚会議（Conférence interministéri-elle Santé publique：CIM SP）主導で，2012年よりアクションプランおよびroadmapを策定し，e-healthの推進を図っている。[40]

　2013年に「eHealth roadmap 1.0」が策定された。情報セキュリティ，患者と医療従事者のプライバシーの保護，医療従事者の秘密の尊重等の分野で必要な保護措置を講じ，すべての医療関係者間の組織的で相互の電子サービスと情報交換を促進し，サポートすることを使命とする連邦政府機関，eHealthプラットフォームが設立された。そして，2015年に「eHealth roadmap 2.0」が1.0を更新する形で策定され，追加で20項目のeHealth Action Pointが定義された。2019年にCIMが実施した評価では，全体として，当初目標の72%が達成されたと報告されている。つぎに，2019年1月28日に策定された「eHealth roadmap 3.0」では，2.0までの総括も踏まえ，4項目の原則が設定された。

- eHealth戦略に関する連邦政府間協力の継続と協力モデルのさらなる最適化
- 新しいターゲットグループ・アプリケーション分野に拡張するために，進行中のプロジェクトであっても必要に応じて調整し，体系的に整理する
- 患者と医療従事者が使用するシステムおよびツールの汎用性と性能を継続的に改善するために，オペレーショナル・エクセレンスに焦点を絞り，監視する
- 欧州および国際的なeHealthイニシアチブとの連携を模索する

　この原則に基づいて，eHealth計画をより具体的に推進させるため，「e-health roadmap 3.0」では7つのクラスターおよび，44のプロジェクトが設定され，併せてプログラムマネージャーおよび各プロジェクトのプロジェクトマネージャーが任命された。

> **参考：e-health roadmap 3.0の7つのクラスター**

- eHealthの環境の基礎

　たとえば，コンピュータ化された患者同意の原則とシステムの管理と進化，医療従事者のためのeHealthサービスと情報へのアクセスのマトリックス，基本的なサービスの管理と使用，使用される用語と技術基準の設定を担うプログラムが含まれる。つまり患者，医療従事者，ソフトウエアプロバイダーにも同じ規則と契約が適用されることを意味する。

- eHealth計画の横断的な側面

　たとえば，適切なコミュニケーションを確保する，およびプロジェクトの一貫性を注意深く監視することによってプロジェクトの良好な管理と監視を確保するプログラムが含まれる。

- 実装のサポート

　たとえば，医療従事者がe-Healthサービスを使用する際のインセンティブポリシーに関するプログラムが含まれる。

- オペレーショナル・エクセレンス

　2013年から2018年の間に，多くのeHealthプロジェクトが「アイデア」フェーズから現場での開発と実際のアプリケーションに移行したが，システムの安定性や品質レベルなど，多くの問題や懸念事項も確認されている。オペレーショナル・エクセレンスの向上のため，堅実で信頼性の高い技術インフラ，およびすべての関係者（市民，医療従事者，ソフトウエアプロバイダーなど）に対するサポートとガイダンスの両方で，新しいツールやシステムをスムーズに導入することを目的とした具体的な

プロジェクトが含まれている。

■医療従事者と医療施設

学際的および壁を越えたデータ交換ツール，電子処方箋のさらなる開発，病院での開発，機器の実装など，医療従事者向けの付加価値サービスを達成することを目的とした一連のプロジェクトが含まれている（以前のアクションプランで既に開始され，現在実装・展開されているプロジェクトの大部分に相当する）。

■"副操縦士"としての患者

患者を直接対象とするeHealthプロジェクトが含まれる。たとえば，個人に対する健康ビューアのさらなる発展が含まれ，市民が，単一のエントリポータルを通じて，「ソース」に関係なく，健康記録内のすべての既存の電子情報にアクセスできることを目指す。市民はまた，臓器提供に関する宣言を直接管理する機会を持つことになる。

■相互社会

医療従事者，患者，公的機関（eAttest，eBilling，協定のデジタル化，第IV章の医薬品などの承認）の管理プロセスのデジタル変革の分野について，一連のプロジェクトの進向をめざす。

5 考察

（1）　患者アウトカムも含めたRWD活用への期待

　日本においては，医療機器も含めた医療制度は診療報酬に基づき，診療・処置・処方回数といった数の積み上げ式の評価制度が基礎としてある。医療機器においては，製品中心，医師（医療従事者），特定の疾患，領域におけるスポットケアが承認・償還評価の中心である。しかしすでに診療報酬においては包括医療費支払制度方式の導入など量的評価からアウトカ

ム重視の評価制度は導入されつつあることからも，治療アプリを含めたデジタルヘルスは臨床現場における使用のみを想定した出来高払いの量的評価ではなく，価値評価が取り入れられることが予想される。

　2018年に示された第7次医療計画では切れ目のない医療が受けられる効率的で質の高い医療体制を地域ごとに構築するとし，医療計画における政策循環の仕組みを強化する「地域包括ケアシステム（医療介護総合確保推進法）」が打ち出された。これによって，住民の健康状態や患者の状態（アウトカム）を踏まえたうえで課題を抽出し，解決に向けて目標を設定，評価を実施することとなった。在宅医療がますます推進されるに伴い，住まい，医療，介護，予防保健，生活支援などペイシャントジャーニー全体においてどのような患者アウトカム（PRO）が得られるのか，成果に対する価値評価が重要となりつつある。

　PROは日本においても臨床試験などで徐々に採用されつつある[41]が，欧州で進められるデジタルシングルマーケティングからもわかるように今後PROを含めリアルワールドデータ（RWD），電子カルテ情報などの医療ビッグデータの一元管理，共通情報共有プラットフォームの活用がそれを推し進めることが予想される。

　治療アプリなどのデジタルヘルスアプリケーションの発展に伴い，往来の患者や医師の主観的なPRO評価ではなく個別データの収集と蓄積によって，数値化されたPROであれば有用なエンドポイントとなり得る。デジタルヘルスアプリケーションによってもたらされる継続的，リアルタイムのデータ取得は客観的データのさらなる活用によって効率的な治療計画と適時の診断，早期介入による重症化予防の恩恵をもたらす触媒である。こうした個人と個別につながる医療サービスによって医療評価は病気を診る視点から，人を診る視点へと変化し，いかにその患者個人の予後や状態の改善・維持につながったかという「患者価値」が重要な評価点となることが予想される。アドヒアランスや患者のモチベーション維持など課題も

あるが，デジタルヘルスアプリケーションの活用によってPROが「社会的価値」として適切なガイドラインや分類基準の下に客観的評価指標に転換され，臨床においてもエンドポイントとして採用されるようになれば，診療報酬や各種認証・審査などの医療評価制度自体の構造改革にも影響していくと考えられる。

（2）　デジタル×医療に関する評価・認証制度強化への期待

　DiGAにおける仮承認制度設定の背景には，治療用アプリなどのデジタルヘルスアプリケーションは，多様な環境や疾患および症状を対象として用いられることが予想されることがあげられる。つまり疾患ごとや医療行為別に単一価格を設定することが困難な場合もあり，デジタルヘルスアプリケーションが予防，治療，維持，予後管理を通して治療にアプローチする特性を考慮し，処置回数など医療行為ごとの出来高払い制ではなく，一定期間の利用を想定した患者アウトカムに基づく評価方針も検討に値する。そして，デジタル分野において薬事における仮承認など日本に適した内容で検討が進むと，スタートアップ企業などが利益確保までの投資や時間をより見通せるようにもなり，開発投資や新規参入の促進につながるだろう。

（3）　デジタルの特性を踏まえた治験環境強化への期待

　各国の特徴的な取り組みをデジタル技術の特性から見ると，日本でのデジタル治療の開発を加速させるための示唆として以下があげられる。

①　安全性と一定の有効性を確保したうえで，実臨床で有効性をさらに評価し，デジタル技術の進化を促す取り組み
　デジタル技術は技術の進展スピードが速く，有効性を示すデータを収集している間にさらに新しい技術にアップデートできてしまうことが考えられる。そして，従来の医療機器や医薬品と比較して不具合や有害事象等に

　もプログラムの修正やアップデートによって対処することが可能である。一方で，セキュリティの確保のためのアップデートが常々必要というのもデジタルの特性といえよう。

　こうした特性に着目し，ドイツや米国のように，デジタル技術の進化と投資を加速させるために，医療機器承認に際して安全性と一定の有効性を評価したうえで，データ収集が比較的容易であるデジタルの特性を踏まえた実臨床で有効性を更に評価する取り組みが考えられるのではないか。

② 　医療機器承認・保険収載の該当性・予見性の判断を簡易にする取り組み

　医薬品や従来の医療機器と異なり，アプリが備える機能は極めて多様になることが想定される。そのなかで，どのレベルの機能までが医療機器として該当し，保険償還によって手当がされるのかが明確であれば，開発側の投資リスクの適正評価に寄与すると考えられる。

（ 参考：デジタル治療・治療用アプリとは ）

　治療用アプリケーション（以下，治療用アプリ）については，明確な定義が現在のところ存在していない。そのため各国および各地域によって定義および名称が異なるのが実情である。そこで，本書では，「治療が必要な疾病に対し有用性が期待され，臨床における科学的根拠・効果が示され，治療に直接介入するデジタル（モバイル）アプリケーションおよびソフトウエアプログラム」と定義したい。そして，このような治療をデジタル治療（デジタルセラピューティクス，DTx：Digital therapeutics）と称している。治療用アプリはDTxを行う際に，主に患者のスマートフォンなどの端末にインストールされ使うアプリケーションと捉えると分かりやすいだろう。

　たとえば，治療用アプリを使用した治療介入が医療現場で進んでいる米

［図表 5 - 1 ］　モバイルメディカルアプリケーションが有する機能

① 患者として医療機関を受診する前の生活者が，自分の病気や対処法を把握する
② 医療従事者の単純作業を自動化する
③ 患者指導などによって行動変容の促進など専門的臨床ケアを補完する
④ 患者の状態および治療情報へ簡易にアクセスができる
⑤ 潜在的症状を捉え，患者と医療職種間のコミュニケーションを促進するための
　 データや情報支援が可能である
⑥ 臨床現場で日常的に使用される指標計算を実行する

国では，2017年にDTxに関するコンソーシアムであるDigital Therapeutics Alliance[42]が設立している。そこでのDTxの定義は，「臨床的エビデンスに基づき評価を得たソフトウエアであり，患者への直接的医療介入による疾病・障害の治療，維持管理，予防に貢献するもの」である。そして，米国食品医薬品局（FDA：Food and Drug Administration ）は，Mobile Medical Applications：モバイルメディカルアプリケーションと称してこれらを分類し，医療機器として認定している。**図表 5 - 1** は，FDAがあげているモバイルメディカルアプリケーションが有する機能[43]である。

　そして近年，治療用アプリは，治療の側面だけでなく，治験や市販後調査においてデータが収集されることで，PRO（患者報告アウトカム）としての価値が高まっている。PROは治療効果を評価する項目の一つとして利用されることが期待され，患者の術後や退院後のモニタリング，早期治療介入などを評価する際に活用が進むと考えられる。

第 **6** 章

民間企業による
リアルワールドデータ活用へ

1　RWDを活用した事業強化の必要性

　日本は今後も引き続き，高齢化率の上昇が進む見込みであり，より多くの方々が健康長寿でいられるための国民の医療分野への期待は今後も増す。[44,45]さらに，昨今はRWDが利用できる環境の整備が進み，治療用アプリを通した新たなRWDの蓄積も進む。そして，RWDを収集・分析・販売する企業や，治療用アプリを開発する企業も存在し始めている。

　企業各社においては，これらRWDに関する環境変化の自社事業への影響を踏まえた将来に向けた機微な対応が求められる。そこで，本章では，特に医療分野において，民間企業がRWDを事業活用する際の方向性を示すとともに，治験を行う業界とそうでない業界それぞれにおいて，RWD活用に向けて検討すべき事項を提示する。

2　民間企業のサービスから得られる RWD利活用の注意点

　民間企業のPHRサービスを通して，さまざまな患者／個人の健康・医療デジタルデータを取得することが可能となっていく。このようにアプリを通して取得したデジタルデータを利活用して，製品開発・マーケティングに生かす，あるいは，企業向けのビジネスとしてデータ販売をすることが想定される。この点を事業拡大の念頭に置いて，PHRサービスの展開を考える企業は多い。

　しかし，アプリから取得したデータを分析して，すぐに医学的に利用可能なエビデンスとなるわけではない。医学的なエビデンスとして，データ結果を解析したい場合は，PHRサービスで取得するデータを確定する前に，データ収集の目的，それに必要なデータ種別，データ規模，データ取得期間などを明確に定め，最終的に取得したデータをどのように分析する

かを明確にする必要がある。そのことを踏まえ，医療系のアカデミアと一緒に，研究設計の妥当性を明確にすることが望ましい。つまり，サービスを開始する段階で，明らかにしたいデータ解析についての研究設計が明確に行われていることが重要である。そして，そのためには何を目的にデータを取得し，解析するかが明確でないといけない。

次節以降でRWDの事業活用の可能性について述べる。

3 RWDの事業活用の方向性

本節では，企業がRWDを事業に活用する成長戦略の方向性として，どのようなものがあるか示したい。患者の層別化（個別化）による最適な治療が提供できることを目的とすると，方向性としては，（1）RWDを分析し事業に活用することと，（2）RWD自体を生み出し活用することが想定される（図表6-1）。

（1） RWDを分析し事業に活用する方向性

① 新製品開発強化

この点について，日本製薬協業協会の医薬品評価委員会臨床評価部会が詳細な分析を進めており，レポートが公開されている。「既存の国内リアルワールドデータを医薬品開発にどこまで活用できるか（2019）」「医薬品開発におけるリアルワールドデータの活用（2020）」などがある。これら

[図表6-1]　事業の成長戦略の方向性

方向性	事業成長への期待
（1）　RWDを分析し事業に活用	各業界において，この方向性が基本戦略となり，競争劣位とならないために取り組むものになる
（2）　RWD自体を生み出し活用	将来的な競争優位を獲得するために，ここの取り組みの強化が期待される

の中で，リアルワールドデータの活用が必要である旨も示されている。米
国研究製薬工業協会（PhRMA）は「革新的医薬品・医療機器・再生医療
等製品創出のための官民対話（2020）」，日本医療機器産業連合会は「革新
的医療機器の創出に向けて（2020）」のなかで，医療機器の研究・開発の
促進において，リアルワールドデータの環境整備について言及している。
リアルワールドデータ活用の必要性が認識され，取り組みを進めている。

② 既存製品販売強化

　現在，市販後の薬や機器について，RWDの活用が進められている。た
とえば，新たな効能や効果の発見を進めることで，より多くの方々へさら
に自社医薬品や機器を利用してもらえる可能性がある。そして，薬事承認
時では患者が集まらずエビデンスが十分構築できず訴求できなかった効果
について，RWDを分析することで訴求できる可能性がある。さらに，高
齢者や希少疾患患者などへの治療に関してRWDの内容を分析することで
新たな効果を提示できる可能性も考えられる。今後，企業のデータ利用環
境や制度の整備が進むことで企業として取り組める余地が広がる。

（2） RWD自体を生み出し活用する方向性

　自社独自のRWDを生み出す方向性として，病院・診療所で薬のように
処方される治療用アプリの開発が考えられる。そして，他社で開発された
治療用アプリと自社データの連携などによる自社サービスの強化も考えら
れる。治療用アプリは，患者の行動変容を促し治療効果を生み出す新たな
医療提供の仕方であり，今後この領域でのソフトウエアメーカーなどが，
医療業界の企業と連携し参入することも期待される。

（3） RWDデータ収集・分析・販売事業開発

　既存データの組み合わせや，新たな自社独自のデータを収集・蓄積する

ことで，薬・機器・治療用アプリ開発を行う企業へデータを販売する方向
性が考えられる。すでにいくつかの企業が存在しており，たとえば，日本
薬剤疫学会が学会アンケートを基に毎年8月に公開している「日本で臨床
疫学や薬剤疫学に応用可能なデータベース」にある提供主体が参考になる。

（4）　RWDの業界特性に応じた活用の検討

　RWDの活用の方法がいろいろとあることを前項までで紹介したが，製
薬・医療機器と，それ以外の企業では，特に，薬や機器を製造し薬事承認
を取得するノウハウや人材などのリソース面で取り得る方向性が異なる。

①　製薬・医療機器

　製薬企業や医療機器メーカーでは市販後の安全性・有効性検証のために，
自社製品を服薬・利用している患者の医療データが必要であり，製造販売
後調査などの研究を行ってきた知見がある。そして，NDBなども2021年
1月より製薬企業や医療機器メーカーなどの利用申請も可能となり，利用
可能なRWDが増加している。たとえば，ある製薬企業は，レセプトデー
タを利用して，患者数や患者セグメントを推定し，保険償還の戦略とそれ
に必要なリソースを把握するなどしている。そして，人材面では，企業と
大学との共同研究なども行われている。

②　食品

　食品企業は自社製品を摂取した顧客データを必要としており，このデー
タをマーケティングや自社製品開発につなげることが主に考えられている。
　ある企業は，データを使って，顧客個々人の健康ニーズに沿ったきめ細
かい商品・サービスの開発やマーケティングを強化していく考えを持って
おり，ゲノム（遺伝情報）など個人のバイタルデータに基づいたビジネス
も展開予定である。そして，個別化した商品・サービスの開発に向けて，

ビッグデータ活用も強化している。たとえば，ある細菌の「普通の状態」
を知るために，大量の健常者データを集めるなどしている。そして，今後
の可能性としては，健康に関連する生活データを大学などと共同で取得し，
臨床に活用できるデータとして，企業や医療機関・介護施設へ提供するな
ども考えられる。

③　保険

　保険会社は，個人向けと企業向けのサービスでRWDを活用できる可能
性が考えられる。個人向けサービスでは，商用の保険データベースを用い
て，保険商品の開発や営業活動が可能になる。そして，企業向けのサービ
スでは，顧客企業の健康保険組合などから健診データなどを取得して，高
血圧や糖尿病またその予備軍となる従業員に対してより効果的な健康増進
のための福利厚生サービスの提案が可能になる。

　具体的には，産業医や産業保健師・看護師と連携した適切な保健管理・
健康教育，社員食堂における健康的な献立の充実，スポーツジムとの提携
などによる社員の健康づくり支援，などが考えられる。そして，自社の保
険商品とセットで販売する重症化予防サービスの開発なども考えられる。
このようにRWDが活用できれば，保険会社として顧客企業の健康経営に
さらに貢献することも可能になる。

　たとえば，ある生命保険会社では，2016年に業界で初めて，実年齢に代
えて健康年齢を使用した保険商品を発売している。この健康年齢の算出に
は，約数十万人の健診データやレセプト等のビッグデータが活用されてい
る。

④　IT

　患者と医療従事者のコミュニケーションを効果的に支援するシステムイ
ンフラの整備や，デジタル治療で使う治療用アプリ開発などの取り組みが

[図表6-2] 業界別の医療・健康データの活用目的

	主なRWDの活用目的	主に求められるデータ
製薬・医療機器	・医薬品・医療機器やサービス等の開発（患者の健康増進に資する行動変容を促す医療機器プログラム事業への参入など） ・販売後の安全性・有効性検証	・自社製品を利用している（利用した）患者の健診・レセプトや電子カルテデータ，ならびに健康関連データ等
食品	・健康食品やサービス等の開発 ・販売後の安全性・有効性検証	・自社製品を摂取した顧客の健康関連データ等
保険	・保険商品やサービス等の開発 ・販売後の効果検証	・自社商品を契約した顧客の健康関連データ，健診・レセプトや電子カルテデータ等
IT	・治療用アプリケーションやサービス等の開発（データ自体の販売含め） ・患者・医療従事者のコミュニケーションを支えるシステムや，システム・データを用いた新たな治験業務等の支援サービスの開発 ・販売後の安全性・有効性検証	・患者の健診・レセプトや電子カルテデータ，健康関連データ等

考えられる。後者の領域には，製薬企業や医療機器企業も参入しており，事業展開のスピードが求められるものの今後市場が拡大する可能性がある。そして，これらのシステムインフラやアプリで収集したRWDそのものを販売するビジネスを追求する方向性も考えられる。

そこで，上記を踏まえ，各業界で想定されるRWDの活用目的と，求められるデータを記載した（図表6-2）。RWDの事業への活用においては，関連する市場が立ち上がっている段階であり，大手・ベンチャーに関わらず早い意思決定と行動が求められる。各企業においては，RWDの活用の検討が十分なされているか検討が必要である。

4 RWDの収集・分析・販売事業も検討に値する方向性のひとつ

　本節では，RWDデータを収集・分析・販売する事業の方向性について言及する。

　これまで日本では，各病院・診療所ごとに個別にカスタマイズされた電子カルテシステムを構築してきた。異なるベンター間でデータの互換性が乏しく，そのため医療施設間のデータ統合が必ずしも迅速に進んでいない。患者個人が異なる医療機関を受診した場合の追跡可能性も担保されにくい。この長年の慣習が，RWDとしての電子カルテデータの活用スピードに影響している。今後はこうした問題の解決が望まれる。

　現在は，NDBなどの大規模保険データベースや，大規模レジストリデータなどのRWDデータベースの構築が進んでいる。こうした技術の活用においては，エンドユーザーである患者や，医療従事者・研究者とのコミュニケーションによって，扱いやすいデータベースを構築することが不可欠である。そして，データベース構築にかかる費用が高額とならないよう，より安価にデータ活用ができる環境の構築が必要である。当該分野における新規参入などによる競争促進が期待される。

　そこで，IT関連企業においては，医療ビッグデータの特殊性や，ビックデータ研究における交絡調整のための統計解析手法などについて理解を深め，エンドユーザーが必要とするデータの内容や構造を理解しておく必要がある。

5 将来の医療提供体制の姿を見越したRWDビジネス

　全世界的に，COVID-19の流行の影響で国民の健康に対する不安が増幅している状況にある。このような感染症の発生によって，私たち国民は改

めて，医療の重要性を再認識し，理想的な医療提供体制とはどのようなものかという根源的な問いに直面している。

日本は国民皆保険の下，国民全員が等しくどの医療機関でも自由に医療を受けられる医療提供体制が整備されている。しかし，この医療提供体制が成り立っていたのは，高度経済成長期において，税金を納める労働者人口に比べて，医療をより必要とする高齢者人口が少なかったからと考えられる。

一方，現在の日本は，働き手世代が減り，高齢者が増えている。疾患を多く抱えやすい高齢者の増加が続くと，従来どおりの医療を何回提供したかで主に医療費が算定される仕組みでは，医療費が過度に増える可能性もあり，持続可能な医療提供体制が構築しにくくなる。我々はこのような時代の変化に応じた医療提供体制について継続して検討する必要がある。その際に，デジタルの活用は重要なテーマと考える。

（1）　コロナ禍でさらに期待が高まる「かかりつけ」

厚生労働省は，上手な医療のかかり方として，発熱時に相談できるかかりつけ医を全国民が持つことを推奨している。[46]そして，医師の団体においても，かかりつけ医機能の充実を進めるとしている。[47]

（2）　地域ごとの多職種連携でのプライマリ・ケアチーム体制へ

体調の不安が生じた際に，まずはかかりつけ医に連絡し，自分の症状を把握してもらい，適切な治療を受ける，あるいは適切な治療ができる専門医を紹介してもらうことが重要と考える。これにより，迅速かつ適切に医療を受けられるようになる。しかし，これだけでも十分ではない。地域によっては，薬剤の処方から服薬指導，服薬管理までの全てを医師一人で行うことが難しい場合もある。そのため，たとえば薬剤師が服薬指導・服薬管理を適切に担い，必要に応じて患者の健康に関する相談にも対応するこ

とが求められる。このように医師以外の医療従事者も含めたチームで地域の住民・患者をケアすることが今後重要となる。

　このような，「国民がいつでもどこでも適切な頻度で安心して医療・健康に関する相談・受診ができ，医療従事者が分かりやすい説明を行い，必要に応じて適切な診療ができる専門医や医療機関を紹介してくれる，医療サービス」を地域ごとの多職種が連携しプライマリ・ケアチームとして地域を診る体制が，今後の日本において目指したい一つの姿ではないかと考える。住民・患者は，これまでの医療提供体制を選択できるだけでなく，この新たな医療提供体制も選択できるといった姿も考えられる。そして，これらの実現のためには，住民・患者の一生涯のデータ整備や，多職種が連携して対応できるデジタル基盤などが必要となる。

　そして，医療の多職種で住民・患者を地域で診るプライマリ・ケアチームが機能するためには，上述したとおり，チーム内で患者情報の連携が必要である。具体的には病院が保有している医療データ（検査値，診断結果等），薬剤師が保有している（すべき）薬剤関連データ，看護師・介護士・ケアマネージャーが把握している（すべき）日常生活情報・家族のデータ，などを一元化し，プライマリ・ケアチームで共有することが求められる。そして，重要なことはこのような患者情報を継続的にアップデートし，時系列的に情報を蓄積していくことである。これによって，患者の状態をチームとして把握することが可能となり得る。そして，データが共有されることで，重複検査・重複投与などの抑制にもつながると考えられる。例えば，患者の診療情報を地域の病院・診療所・薬局で共有することによって，医療の質向上を目指すなどが考えられる。

　プライマリ・ケアは地域ごとに提供されることを考えると，該当地域住民全員の基礎的な健康情報が整備されていることが重要となる。実践的なプライマリ・ケアチーム体制構築の一環として，政府・自治体が，上記で言及したデータ連携の仕組みの構築を推進することが期待される。

　なお，このような取り組み以上に重要なことは，住民・患者と医療従事者間のコミュニケーションが円滑に行われることである。地域ごとのプライマリ・ケアチームが，住民・患者の声を把握し，よりよい医療の提供だけでなく，医療人類学などの観点からよりよいケアの追求がなされていることが望ましい。デジタルやアプリケーションの活用は，それ自体が目的ではなく，これらを実現するためのものであるべきと考える。

　プライマリ・ケア連合学会が出版している「基本研修ハンドブック」[48]では，生物心理社会モデルの考え方に基づいた診療が推奨されている。生物心理社会モデルとは，1977年にEngelが提唱したモデルで，心身の不調を疾患としてだけではなく，より広い概念である病いとして捉えるものといえる。そして，活用が期待されるデータとして，生物的・心理的・社会的側面が考えられている。医療従事者がチームとしてこれらのデータを把握し，診療に役立てることが期待でき，企業にとってはビジネスの可能性を検討する領域となる。これらのデータのなかで，生物的側面については，基本的には医師が診療の中で確認することが多い。一方で，現在の診療報酬制度では，特に外来では出来高払いが中心であり，1人の患者に長い時間をかけることは難しく，心理的側面や社会的側面ついては，問診のなかで十分に情報を取得することは難しい。現実的には心理的側面や社会的側面の情報については，看護師・薬剤師・介護士などの多職種が連携し，情報を共有することが重要となる。

（3）　RWDを活用した民間サービス

　RWDの活用の必要性をいち早く認識し，この潮流を捉え，民間企業で新たなサービスが展開されている。そこで，いくつか日本で展開されている民間サービスについて紹介する。

① 　オンライン診療，そしてオンラインを活用した新たな治験サービス

　株式会社MICINが提供する「curon®（クロン）」は，当該サービスを導入しているクリニック・病院・薬局において，予約・問診・診察・薬の受け取り・決済の一連の事項を患者自身のパソコンやスマートフォンを通して行えるサービスである。新型コロナ禍で，患者が医療機関へ直接行くことに不安を抱えている場合や，新型コロナウイルスに感染し自宅療養となった場合などでも，患者と医療従事者がコミュニケーションを取ることも可能である。さらに，患者は処方箋をもって薬局へ物理的に行かずとも，オンラインで薬局薬剤師の服薬指導を受け，薬を自宅で受け取ることも可能となる。医師・薬剤師が連携し，パンデミック禍においても患者が適切な医療を継続して受けられる環境の構築に貢献するものとも考える。

　そして，MICINはこれらのオンライン診療やオンライン服薬指導などの実臨床でのサービス提供だけでなく，国内初のDCTシステム[xvi]である臨床試験向けオンラインサービス（MiROHA®）も展開している。これは，これまでの対面での臨床試験ではなく，治験者が来院しなくてもオンラインで臨床試験に参加できる新しい臨床試験手法である。患者・医療従事者との接点をもつオンライン診療サービスと，社会的変化を捉えたオンラインを活用した治験環境の提供など，RWDの将来性を見越した新たな事業を世のなかに提供している。

② 救急患者データの救急隊と病院間での連携支援サービス

　RWDのなかでも，日常的な診療に係るデータと救急時のデータは十分連携されていなかった。これらの現状の問題を捉え，効果的なデータ化を支援するサービスを展開する企業もある。救急隊員への業務負荷が高まる状況のなかで，救急体制におけるシステム活用も需要な課題[49]であり，社会的にみても意義のある取り組みが進んでいる。

　具体的には，TXP Medical株式会社が展開している「NSER mobile」が

---

xvi 分散化臨床試験，DCT（Decentralized Clinical Trial）

あげられる。これは，救急隊員が，音声や画像で情報を入れることができ，救急隊員に負荷をかけずに迅速に患者情報が記録され，病院へリアルタイムに患者情報を提示できるサービスである。RWDとしてデータ化し活用するためのシステムでの支援が必要な領域もある。

③　オンライン服薬指導支援サービス

　改正薬機法で調剤後の継続的な服薬フォローアップが義務付けられるとともに，コロナ禍においてICTなどを通じたオンライン服薬指導支援サービスの拡大が期待される。たとえば，メドピア株式会社が提供する「kakari」は，既に来局されている患者の「かかりつけ化」を支援するサービスである。薬局と患者をつなぐスマートフォンアプリ「kakari」と，薬局向けの「kakari薬局システム」からなる。アプリでの「かかりつけ薬局」の表示，「お薬相談/CRM」機能による来局後の患者の継続サポート，「処方せん送信/店頭チェックイン」機能による待ち時間の解消，「事前ヒアリング」機能による質の高い服薬指導等の機能を実装している。

　このように，医療×デジタル分野においては，大手の製薬・医療機器企業でなくとも，優れた戦略と人材などが伴うなどすれば，創薬や医療機器の開発などに比べて，多くの企業にこの領域でのビジネス機会は広がっている。

（4）　プライマリ・ケアの実装を見据えて，民間企業が取り組むべきデータ取得

　医師の診断を支える，あるいは他の医療従事者のケアの質を向上させるためにも，今後はさらに生物学的側面だけでなく，心理的側面，社会的側面についてのデータも合わせて取得する必要があると考える。これらのデータを合わせて分析することで，患者にとって，より必要なサービスを提供し得る。たとえば，腰痛の治療をしても十分に良くならない際に，その

原因が家族の介護により腰に負担がかかっていたといった状況がわかれば，薬や処置ではなく，介護に関するサービスを紹介することが可能となる。

　企業においては，今後は心理的，社会的データをも含む豊富な情報を適切に収集・活用できる能力を備えることが重要となる。

▶ 6 RWDを活用したビジネスの将来像
〜個別化医療の追求〜

　RWDを活用した究極の目的は，個々人の健康増進，つまりは個別化医療の追求と考える。このためには，医療に係るデータだけでなく，健康・生活などの日常のデータも含めた活用が重要となる。そして，検査値などの定量的なデータだけでなく，患者が感じている体調変化を聞くことで得られるデータも重要である。

　さらに，「銀行情報」というコンセプトのもと新たなサービスの広がりも期待されている。これは，私達が銀行に預金などするかのごとく，自身の個人情報を情報銀行に預託し，自身が指定した条件の範囲でデータが提供される仕組みである。そして，これと併せて，2016年にEUで設けられ2018年5月に施行されたGDPR[xvii]やそれに伴う日本国内の動向について，企業各社は引き続き理解を深めておくとよい。

　そして，これらの重要な個人に関するRWDを活用し，個人に適した医療を追求するためには，医療業界に属する企業だけではなく，健康・生活などの業界に属する企業とも業種を越えて患者および生活者のデータの連携を進めることが必要である。そこで，患者と医療従事者のコミュニケーションから得られる患者に対するデータを医師だけでなく，地域の薬局薬剤師や訪問看護師，ケアマネージャーなどとともにチームとして把握し，患者をサポートできるかがカギと考える。

　RWDを活用したビジネスは，企業個別の取り組みであるだけでなく，

---

xvii　GDPR：General Data Protection Regulation（EU一般データ保護規則）

さまざまな業界や医療従事者と地域における医療のあるべき姿を追求するうえで重要と考える。各企業においてRWDを活用したビジネスを検討する際には，患者・生活者視点で，他産業とのデータ連携も視野に入れた全体像を描き，そのなかで自社がどのようなプレイヤーとして存在するのか，地域・社会への貢献性も含めて，中長期的な視点からリアルワールドデータを活用した戦略課題を見出すことが求められる。

［参考文献］

1 株式会社日本総合研究所（2021）経営コラム『リアルワールドデータ』のビジネスでの活用に関する現状と今後の期待
https://www.jri.co.jp/page.jsp?id=38737

2 国立研究開発法人国立がん研究センター　がん対策情報センター　研究者等によるご利用の手続き
https://www.ganjoho.jp/med_pro/cancer_control/can_reg/national/datause/researcher.html

3 国立研究開発法人国立がん研究センター　がん対策情報センター　がん情報サービス
https://ganjoho.jp/

4 Hirose N, Ishimaru M, Morita K, Yasunaga H. A review of studies using the Japanese National Database of Health Insurance Claims and Specific Health Checkups. Ann Clin Epidemiol 2020；2（1）：13-26.

5 Kajimoto Y, Kitajima T. Clinical Management of Patients with Dengue Infection in Japan: Results from National Database of Health Insurance Claims. Am J Trop Med Hyg 2020；102(1)：191-194.

6 Ishimaru M, Matsui H, Ono S, Hagiwara Y, Morita K, Yasunaga H. Preoperative oral care and effect on postoperative complications after major cancer surgery. Br J Surg 2018；105(12)：1688-1696.

7 Kaneko H, Itoh H, Yotsumoto H, Kiriyama H, Kamon T, Fujiu K, Morita K, Kashiwabara K, Michihata N, Jo T, Morita H, Yasunaga H, Komuro I. Cardiovascular Health Metrics of 87,160 Couples: Analysis of a Nationwide Epidemiological Database. J Atheroscler Thromb 2021；28(5)：535-543.

8 Sakamoto T, Fujiogi M, Matsui H, Fushimi K, Yasunaga H. Comparing Perioperative Mortality and Morbidity of Minimally Invasive Esophagectomy Versus Open Esophagectomy for Esophageal Cancer: A Nationwide Retrospective Analysis. Ann Surg 2021；274(2)：324-330.

9 Tagami T, Matsui H, Horiguchi H, Fushimi K, Yasunaga H. Recombinant human soluble thrombomodulin and mortality in severe pneumonia patients with sepsis-associated disseminated intravascular coagulation: an observational nationwide study. J Thrombosis Haemost 2015；13(1)：31-40.

10 Vincent JL, et al. Effect of a Recombinant Human Soluble Thrombomodulin on Mortality in Patients With Sepsis-Associated Coagulopathy: The SCARLET Randomized Clinical Trial. JAMA 2019；321(20)：1993-2002.

11 Tsuchiya A, Tsutsumi Y, Yasunaga H. Outcomes after helicopter versus ground

114

emergency medical services for major trauma——propensity score and instrumental variable analyses: a retrospective nationwide cohort study. Scand J Trauma Resusc Emerg Med 2016；24(１)：140.

12　国立研究開発法人日本医療研究開発機構　クリニカル・イノベーション・ネットワーク推進支援事業　https://www.amed.go.jp/program/list/05/01/015.html

13　総務省統計局（2020）「統計トピックスNo.126　統計からみた我が国の高齢者―「敬老の日」にちなんで―」　https://www.stat.go.jp/data/topics/topi1261.html

14　厚生労働省　「国民の健康確保のためのビッグデータ活用推進に関するデータヘルス改革推進計画・工程表」及び「支払基金業務効率化・高度化計画・工程表」について　https://www.mhlw.go.jp/stf/seisakunitsuite/bunya/0000170011.html

15　厚生労働省（2020）　個人情報保護委員会　「医療・介護関係事業者における個人情報の適切な取扱いのためのガイダンス　（令和２年10月一部改正）」　https://www.ppc.go.jp/files/pdf/01_iryoukaigo_guidance3.pdf

16　内閣府（2021）　健康・医療戦略推進事務局　『「次世代医療基盤法」とは』　https://www8.cao.go.jp/iryou/gaiyou/pdf/seidonogaiyou.pdf

17　Aoki T, Yamamoto Y, Ikenoue T, et al. Multimorbidity patterns in relation to polypharmacy and dosage frequency: a nationwide, cross-sectional study in a Japanese population. Sci Rep. 2018；8 (1)：3806. doi: 10.1038/s41598-018-21917-6.

18　Mitsutake S, Ishizaki T, Teramoto C, et al. Patterns of co-occurrence of chronic disease among older adults in Tokyo, Japan. Prev Chronic Dis. 2019; 16: E11. doi: 10.5888/pcd16.180170.

19　The eHealth Stakeholder Group（2019）Proposed Guiding Principles for Reimbursement of Digital Health Products and Solutions　https://www.medtecheurope.org/wp-content/uploads/2019/04/30042019_eHSGSubGroupReimbursement.pdf

20　EUROPEAN COMMISSION（2010）A Digital Agenda for Europe　https://eur-lex.europa.eu/LexUriServ/LexUriServ.do?uri=COM:2010:0245:FIN:EN:PDF

21　EUROPEAN COMMISSION（2020）Horizon2020, https://ec.europa.eu/info/research-and-innovation/funding/funding-opportunities/funding-programmes-and-open-calls/horizon-2020_en

22　EUROPEAN COMMISSION（2018）Market study on telemedicine, https://ec.europa.eu/health/system/files/2019-08/2018_provision_marketstudy_telemedicine_en_0.pdf

23　SmartCare, https://pilotsmartcare.eu/index.php?id=1539

24　InCASA, https://www.incasa-project.eu/news.php

25　Patient@home, https://www.patientathome.dk

26 MAFEIP, https://www.mafeip.eu/

27 Momentum, https://www.ehtel.eu/activities/eu-funded-projects/momentum. html

28 MAFEIP User Guide version 2.0, https://tool.mafeip.eu/assets/files/MAFEIP_ User_Guide.pdf

29 Momentum Blueprint, http://telemedicine-momentum.eu/wp-content/up loads/2015/02/D3.4_v1.0_ValidatedBlueprint.pdf

30 Gematik, https://www.gematik.de/anwendungen/e-patientenakte/

31 The German healthcare system, https://www.bundesgesundheitsministerium. de/fileadmin/Dateien/ 5 _Publikationen/Gesundheit/Broschueren/200629_BMG_ Das_deutsche_Gesundheitssystem_EN.pdf

32 Council Directive 93/42/EEC of 14 June 1993 concerning medical devices, https://eur-lex.europa.eu/eli/dir/1993/42/oj

33 Academic Health Science Networks（AHSN), https://www.ahsnnetwork.com/

34 Technology Enabled Care Services（TECS), https://www.england.nhs.uk/tecs/, https://www.england.nhs.uk/wp-content/uploads/2014/12/TECS_FinalDraft_090 1.pdf

35 Health and Social Care Information Centre Strategy 2015–2020, Information and technology for better care https://assets.publishing.service.gov.uk/government/ uploads/system/uploads/attachment_data/file/443353/HSCIC-Strategy-2015- 2020-FINAL-310315.pdf

36 NIHR, Public Health Research, https://www.nihr.ac.uk/explore-nihr/funding- programmes/public-health-research.htm

37 Medical Technologies Evaluation Programme, https://www.nice.org.uk/about/ what-we-do/our-programmes/nice-guidance/nice-medical-technologies-evaluati on-programme

38 HealthTech Connect, https://www.healthtechconnect.org.uk/

39 A guide to good practice for digital and data-driven health technologies, https://www.gov.uk/government/publications/code-of-conduct-for-data-driven- health-and-care-technology/initial-code-of-conduct-for-data-driven-health-and- care-technology

40 eHealth Roadmap 3.0, (fgov.be), https://www.ehealth.fgov.be/fr/esante/road map-30

41 日本製薬工業協会 データサイエンス部会（2016）治験における Patient Reported Outcomes ～臨床開発担当者のための PRO利用の手引き～ https://www.jpma.or. jp/information/evaluation/results/allotment/pro.html

42　Digital Therapeutics Alliance, https://dtxalliance.org

43　Policy for Device Software Functions and Mobile Medical Applications, https://www.fda.gov/media/80958/download

44　株式会社日本総合研究所（2021）　医療のデジタル化におけるデジタルセラピューティクス（DTx）導入の推進に関する提言　https://www.jri.co.jp/page.jsp?id=38110

45　株式会社日本総合研究所（2021）　医療のデジタル化におけるデジタルセラピューティクス（DTx）導入の推進に関する提言（2021年9月）　https://www.jri.co.jp/page.jsp?id=39492

46　厚生労働省　上手な医療のかかり方プロジェクト　https://kakarikata.mhlw.go.jp/kakaritsuke/change.html

47　日本医師会（2021）令和3年度 日本医師会事業計画　https://www.med.or.jp/dl-med/jma/gyozai/plan_r03.pdf

48　日本プライマリ・ケア連合学会（2017）基本研修ハンドブック　改訂2版　南山堂

49　株式会社日本総合研究所（2021）救急搬送体制の維持・強化に関する提言　https://www.jri.co.jp/page.jsp?id=39458

索　引

［著者紹介］

【第 1 章，第 2 章】

康永　秀生（やすなが　ひでお）
東京大学大学院医学系研究科臨床疫学・経済学　教授。医学博士。

平成 6 年に東京大学医学部医学科を卒業後，6 年間外科医として病院勤務。
平成12年より東京大学大学院医学系研究科公衆衛生学（博士課程），医療経営政策学
（特任准教授），ハーバード大学医学部Health Care Policy（客員教員）などを経て，
平成25年 4 月より現職。
日本臨床疫学会理事。Journal of Epidemiology編集委員。
専門は，臨床疫学，公衆衛生学，医療経済学。
研究テーマは，医療ビッグデータを用いた臨床研究および医療経済研究。
著書に『健康の経済学』（中央経済社）『必ずアクセプトされる医学英語論文完全攻
略50の鉄則』（金原出版）『そろそろ医療の費用対効果を考えてみませんか？』（中外
医学社）ほか。トップジャーナルを含む学術論文多数。

【第 3 章，第 4 章，第 5 章，第 6 章】
株式会社日本総合研究所　リサーチ・コンサルティング部門
　　　　　　　　　　ヘルスケア・事業創造グループ

川崎　真規（かわさき　まさき）
小倉　周人（おぐら　しゅうと）
徳永　陽太（とくなが　ようた）
野田恵一郎（のだ　けいいちろう）
山本　健人（やまもと　たけと）

医療・ヘルスケアのためのリアルワールドデータ活用
──ビッグデータの研究利用とビジネス展開

2022年10月1日　第1版第1刷発行

著　者　康　永　秀　生
　　　　川　崎　真　規
　　　　小　倉　周　人
　　　　徳　永　陽　太
　　　　野　田　恵一郎
　　　　山　本　健　人
発行者　山　本　　　継
発行所　㈱中　央　経　済　社
発売元　㈱中央経済グループ
　　　　パブリッシング

〒101-0051　東京都千代田区神田神保町1-31-2
電　話　03（3293）3371（編集代表）
　　　　03（3293）3381（営業代表）
https://www.chuokeizai.co.jp

©2022
Printed in Japan

印　刷／文唱堂印刷㈱
製　本／㈲井上製本所

健康・医療の基本を東大教授がゼロから解説！

健康の経済学

医療費を節約するために知っておきたいこと

東京大学大学院医学系研究科教授
康永秀生［著］

四六判・並製・272頁

中央経済社